U0069250

HOPE LIVES HERE

希望的所在

非洲迦南計畫的故事

JANINE MAXWELL

珍妮・麥斯威爾──著　劉千綾──譯

1. 生命之泉水庫	5. 蚯蚓堆肥	9. 牧場	13. 1號水庫
2. 灌溉耕地	6. 養蜂場	10. 太陽能計畫	14. 火龍果田
3. 溫室（魚菜共生）	7. 木瓜田	11. 養雞場	15. 2號水庫
4. 蔬菜倉庫	8. 維修廠	12. 旱田	16. 山羊繁殖場

非洲史瓦帝尼迦南計畫園區全景。

彰化高中非洲志工參與興建的水庫。

作者珍妮‧麥斯威爾全家合照。

珍妮與院童。曾是棄嬰的他們，現在接受教育，成長茁壯。

2008彰化高中第一屆非洲史瓦帝尼志工。

2009彰化高中第二屆非洲史瓦帝尼志工。

2010彰化高中第三屆非洲史瓦帝尼志工。

2014彰化高中第七屆非洲史瓦帝尼志工。

2015彰化高中第八屆非洲史瓦帝尼志工。

2017彰化高中第十屆非洲史瓦帝尼志工。

2018彰化高中第十一屆非洲史瓦帝尼志工。

臺灣與美國、加拿大、肯亞被標示在迦南計畫園區的入口處。

2015彰化高中Walk for Water 為非洲蓋水庫，日月潭行腳。

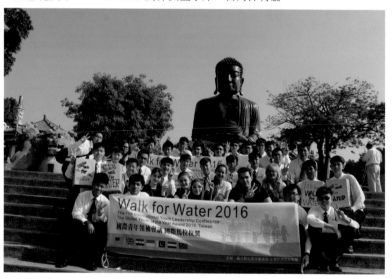

2016彰化高中Walk for Water 為非洲蓋水庫，八卦山行腳。

推薦序

　　Taiwan can help. 臺灣年輕人在世界舞臺，屢屢發出光芒，讓世界看見臺灣。

　　即使是非洲匱乏的角落，也有他們投入人道救援與永續發展的足跡。彰化高中連續十年前往非洲擔任志工，在邦交國史瓦帝尼協助解決飢餓與投資教育，成果令人敬佩。

　　Janine Maxwell曾經到臺灣訪問，與我座談。她結束自己的企業，全力投入非洲孤兒棄嬰的收容與教育。十年的努力，面對的挑戰與獲得的成果，都記錄在這本《希望的所在——非洲迦南計畫的故事》。現在由高中時期曾經擔任非洲志工的劉千綾義務翻譯出版，藉以喚起大家的注意，並投入史瓦帝尼的援助。臺灣年輕人國際關懷的熱情，值得我們支持。

蔡英文／總統

　　臺灣能為這個世界做什麼？劉千綾小姐翻譯的這本美國NGO創辦人珍妮・麥斯威爾的《希望的所在 —— 非洲迦南計畫的故事》，讓我們看到臺灣青年人的國際視野與行動力。他們在熱情老師的帶領下，高中一年級就去非洲做志工，累積的成果被這本書專章肯定。

　　我們青年人走向世界的方式多采多姿，這本書除了記錄珍妮・麥斯威爾在非洲為孤兒的奉獻歷程，也讓我們看見，臺灣青年以國際關懷，走向世界，改變世界所投射的光與熱。

　　　　　　　　　　　　　　　　　　賴清德／副總統

　　我捐款給彰化高中，幫助清寒學生開拓國際視野。在圖書館呂興忠主任與他的太太同校胡彩蓮老師兩人親自帶領下，每年4月去日本踏查、7月到非洲做志工、10月辦理國際青年領袖會議及12月敘利亞難民營志工等。每項活動都持續辦理十多年，累積了非常驚人的成果，也影響了無數的青年學生。

　　這本非洲公益書，由當年高中一年級的非洲志工，現在任職中央通訊社的劉千綾翻譯出版，別具意義。閱讀Janine Maxwell的第三本新書，除了對她長期投入非洲慈善工作，十年有成，感到敬佩外，也對臺灣高中學生國際連結的能力與行動力，非常的欣慰。

　　　施振榮 / 宏碁集團創辦人、智榮基金會董事長

　　深感榮幸，近十年來全漢企業能有機會為彰化高中圖書館非洲志工的偉大工程貢獻一份力量。

　　我們很感佩這些熱血的青年學子從電腦資訊、孤兒院培力到非洲蓋水庫，每一年的出發都有令人刮目相看的成果與觸動人心的溫馨故事。他們不僅幫助解決非洲的貧窮問題，也從實際的行動與付出，培養了助人利他的生命態度。

　　美國Heart for Africa 創辦人Janine Maxwell 一生充滿傳奇，數年前曾參訪全漢企業並對全體同仁分享她的經歷與看見。她長期對非洲孤兒投入救援工作，如同她的每一本書，都是賺人熱淚的真實故事。這本新書更是她耕耘非洲十年後的成果，像燈塔一般，我們感動之餘，也看到了希望與指引。

　　　　　　　　　　鄭雅仁／全漢企業股份有限公司董事長

　　在這一全世界最貧窮，愛滋病陰影籠罩的國度，迦南計畫竭心興辦學校和農場等，自給自足。同時育幼那些出生即被遺棄的孤兒，讓他們在美好環境養成，未來成為這個國家的希望。他們在建造這樣的一艘國家方舟，努力在艱苦惡劣的環境完成使命。

　　臺灣是一個處處展現愛心和公義的國度，我們的視野不時跨越自己的家園，看到地球遙遠的另一端。但關懷是一堂學習不完的課程，感謝這本書的譯介，誠摯的報導這些悲慘不幸的故事，以及未來可能綻露的光芒，我們才能有更深刻的反思。

劉克襄／財團法人中央通訊社董事長

　　Heart for Africa 創辦人 Janine Maxwell的三本非洲公益書，中文版都唯一授權彰化高中圖書館出版。前兩本書由當年大一的呂亭詠無酬翻譯，歷屆志工學生去街頭義賣，協助完成Project Canaan的水庫計畫。

　　這本新書是Janine 在非洲史瓦帝尼Project Canaan十多年來的耕耘過程與成果，讀來令人感動。她長期在非洲無悔的投入，不僅改變了400名非洲棄嬰的現在與未來，也改變了彰化高中十年來擔任非洲志工的同學。當年高一參加非洲志工的劉千綾，繁忙工作之餘，無酬翻譯這本書，就是一個很好的例子。

　　對我一個高中老師來說，帶學生去非洲，不僅希望學生學習如何改變非洲，我更期待的是，非洲可以改變我的學生。感謝多年來的捐款人，讓這個夢想可以成真。

呂興忠／國立彰化高中圖書館主任

　　2008年的全球金融危機讓我的事業遇到瓶頸，內心苦悶壓力極大，感謝老天爺的安排讓我2009年有機會在臺灣遇到珍妮，並且跟彰化高中非洲志工團前往史瓦帝尼，這一趟旅程開闊了我的視野也改變我的人生觀，很感恩看到非洲之心的迦南計畫萌芽茁壯，衷心的盼望「無條件的愛」能夠繼續遍灑希望的所在！

　　珍妮曾多次來臺發表新書、參與彰中圖書館國際青年領袖會議Walk for Water 為非洲蓋水庫募款活動等，疫情阻隔後，有機會閱讀她的這本新書，像跟老朋友再次相見，既高興又感動。

陳偉斌／健丞數位科技有限公司負責人
Heart for Africa, Taiwan榮譽理事長

感動分享

很幸運第一次學習為他人付出，就是高中一年級跟呂興忠主任到非洲史瓦帝尼擔任志工。人生第一次搭飛機、第一次到非洲。對非洲不了解，讓我們有點害怕，有點手足無措。直到進入史瓦帝尼，路上行人雀躍的向我們打招呼，熱情的歡迎，我們才稍稍放心。

當地牧師引領我們深入偏遠山區，一起為愛滋病患祈禱；窮鄉年邁的GoGo（祖母）泣訴獨自扶養失去雙親的孤兒；黃土上的高中學校一個班級只能共用一本破舊的教科書。

遇見珍妮草創初期的非洲之心團隊，他們的規劃與付出，令我們大開眼界。我何其有幸參與這趟非洲志工之行，經歷了貧窮與匱乏，也見證了慈善與人類愛。期許這份愛的力量被更多人看見並傳遞下去！

唐樺岳／律師、京宇法律事務所創辦人
2008第一屆彰中非洲志工學生總召

　　頂著烈陽站在操場中央，「我們要去非洲當志工」，呂興忠主任在升旗臺上說，這句話深深打動了我。我們扛著一箱箱物資和電腦，從臺灣出發前往史瓦帝尼；在那裡我們遇到了珍妮，開啓合作的緣分。迦南計畫從無到有，在這片本是荒蕪的土地持續創造感動和奇蹟。

　　從《我不OK！》、《你OK嗎？》到《希望的所在——非洲迦南計畫的故事》，珍妮透過優美的文字，分享她在迦南計畫十多年來的付出，面對的挑戰，現在的成果，未來的計畫等。期待她超越種族國界的愛，透過這本書傳遞出去，讓改變繼續！Hope Lives Here. And it starts from us！

劉平川／臺北榮總神經外科住院醫師

2008第一屆彰中非洲志工

　　與非洲史瓦帝尼的緣分，要把時間拉回到2008年那青澀的高一暑假，那是我人生第一次出國，也是第一次目睹非洲的貧困，那種強烈的衝擊，超出我的想像，至今記憶猶新。

　　14年前我們忐忑冒險的前往遙遠的國度，而後來有幸與「Heart for Africa」相遇，認識了珍妮與伊恩和整個團隊。很高興能看到學弟妹們繼續國際慈善的信念，呂興忠主任數十年如一日的為志工團隊辛苦奔走。

　　從短期志工到迦南計畫，從給魚到教如何釣魚，這樣的遠見與懷抱是何等的偉大。透過這本書，讓我們了解迦南計畫如何走出草創初期的艱辛，逐漸進入成長茁壯，更能體會助人的心，是多麼的富足。

蔡宗穎／林口長庚醫院眼科住院醫師
2008第一屆彰中非洲志工

　　高中時懷抱很多理想，對未來有很多想像。直到踏上
非洲窮困的土地，自己才體會，所有的想像與理想，都需
要投入非常實際甚至現實的日常，才有可能實現一點點。

　　珍妮一家人從加拿大搬到非洲史瓦帝尼，領養400個
棄嬰，給他們一個家，為他們蓋育幼院，蓋學校，蓋診
所，蓋農場，養雞養牛，只為了改變這400個棄嬰的未
來。這本新書的作者是兩個孩子的母親，又是400個非洲
孩子的母親，她經營這塊非洲迦南美地的日常，是多麼的
辛苦，可是心靈又是多麼的快樂。

呂亭芳／臺中榮總婦產科總醫師
2008第一屆彰中非洲志工

　　高中一年級的暑假，跟著呂興忠老師帶領的非洲志工團隊，參與珍妮・麥斯威爾女士成立的非洲之心在史瓦帝尼的迦南計畫。很開心13年後計畫仍持續著，而且累積了可觀的成果。

　　閱讀《希望在這裡——非洲迦南計畫的故事》，讓我們體會在非洲的窮鄉僻壤，長期投入慈善與付出，是多麼的不容易！但是，也啓發我們應該關懷身處的社會與環境，並參與改變的行動。無論大小，這些行動將一點一滴累積，最終形成一個向上、良善的循環，將更好的世界留給下一代。

林開亮／臺北榮總內科部住院醫師
2009第二屆彰中非洲志工

　　2009年高一暑假的史瓦帝尼志工服務，我們與珍妮的非洲之心合作，參與了迦南計畫的草創階段。我們去孤兒院油漆、粉刷倉庫，甚至還種菜。到貧困地區發放救援物資，還與來自不同國家的高中生志工一起深入偏遠貧困社區服務。

　　這趟非洲之行讓我獲益良多，除了拓展我的眼界，更讓我了解幫助他人的意義。十多年來，珍妮在非洲迦南計畫的耕耘與付出，已遠遠超過她年輕時曾創立的行銷公司。這本新書記錄了她為非洲孤兒十多年來的付出，面對的挑戰與現在的成果。

黃紹齊／美國Wisconsin軟體業
2009第二屆彰中非洲志工

　　高中一年級，受到呂主任號召到非洲當志工。行前，我曾到街頭拉小提琴、義賣珍妮《我不OK！》及《你OK嗎？》前兩本非洲公益書，以籌募在Project Canaan蓋水庫的資金。

　　前兩本書對於非洲孤兒的艱難處境，仍抱持樂觀的態度投入救援的描寫，令我印象非常深刻。從非洲回來後，助人的心，讓我努力投身醫界。

　　很高興讀到珍妮這本新書，她鉅細靡遺分享在非洲史瓦帝尼，十多年來，收容400名棄嬰，開闢農場，養牛養雞，蓋學校，蓋醫院，要讓這400名棄嬰成為未來改變史瓦帝尼的領袖人物。希望有理想的人能閱讀這本書，改變世界的路上我們並不孤單。

蕭宇泰 / 成大醫院不分科住院醫師
2010第三屆彰中非洲志工

　　高一16歲，我擔任彰中非洲志工的學生總召。在非洲史瓦帝尼，面對無法想像的貧窮與飢餓，學習俯身，學習謙卑。離開非洲，我提醒自己要以相同的柔軟與堅毅，面對臺灣另外的問題。

　　非洲志工結束，返臺前夕，呂主任在非洲滿天星斗的夜空下，跟大家有一場星空夜語。他提到要改變一個地方，有三個途徑。慈善事業，不管前因後果，先解決眼前的問題。社會運動，喚起民眾，投入改變。政治運動，最直接而快速，但風險最大。

　　珍妮選擇了前者，她改變了她收容的400個棄嬰的現在，以及他們的未來。而我選擇了後者，投身改變家鄉。希望十年後，我能像珍妮一樣，無怨無悔，並且能夠有寫成一本書的成果。

　　　　　　　　　　　楊子賢／臺大國發所、彰化縣議員參選人
　　　　　　　　　　　2012第五屆彰中非洲志工學生總召

　　這本書是Heart for Africa創辦人Janine Maxwell記錄她在史瓦帝尼收容棄嬰，蓋育幼院，蓋學校，蓋水庫，經營農場自給自足的故事。僅僅透過文字閱讀，對遠在世界另一端的疾病、貧窮、暴力，就讓我們感到椎心之痛，但也對她無悔投入孤兒救援，近二十年如一日，讓人感動，也帶來希望。

　　多年前讀過作者的前兩本書，多年後再讀這本新書，每一次的閱讀都提醒我，一切我視為平凡的事物，實則如此得來不易。作者投入迦南計畫的挫折與成果，也讓我反省面對日常的挑戰，應該要正面積極的去解決。

王貫宇／德國RWE海事工程師
2012第五屆彰中非洲志工

　　剛好距今十年前，我高一的暑假，有機會踏上非洲這塊土地，親眼目睹珍妮《我不OK！》及《你OK嗎？》描寫的非洲街童孤兒的悲慘情況。當時迦南計畫還在萌芽階段，如今已發展成數百位孩子們自給自足的家，現代教育的學校。

　　這本新書是珍妮這些年在Project Canaan投入與付出的記錄，過程充滿了挑戰與困難，但也有了可觀的成果。她透過人類愛與教育投資，希望改變非洲的下一代，閱讀這本書，也是一次難得的心靈成長之旅。

劉庭澤／永豐銀行海外業務處儲備幹部
2012第五屆彰中非洲志工

　　這本書是Janine Maxwell 從事非洲慈善事業，歷經二十年，以她的信仰支持她的毅力，克服困難與挑戰，非常真實而感人的紀錄。《希望的所在──非洲迦南計畫的故事》提醒我們，長駐非洲的志工服務，不是一般異國情調的旅遊而已，而是對人類愛的具體實踐，那是比她過去經營企業還要投入更多心力與資源。

　　她告訴我們，即使出身不同，每個人心中都有一塊迦南美地，她的工作，正是和史瓦帝尼的孩子們一起追尋她心中的迦南美地。我有幸也能夠在高中階段親臨那塊位於匱乏非洲的小小綠洲，這給我很不一樣的人生視角。

　　　　　　陳彥吉 / 律師高考及格、司法官特考及格
　　　　　　2012年第五屆彰中非洲志工

　　九年前我高一的時候，參加非洲志工甄選，必須去街頭義賣Janine Maxwell的兩本非洲公益書《我不OK！》與《你OK嗎？》。第一次讀到她在非洲的故事，對她放棄自己創立的成功企業，全家移住非洲史瓦帝尼，投入非洲孤兒的希望工程，深受感動。

　　很榮幸，當年我有機會親臨非洲土地，成為參與迦南計畫的一員。Janine的第三本新書，由劉千綾學妹翻譯的《希望的所在——非洲迦南計畫的故事》，讀來更加感同身受。期待您一同分享這份悸動，並以行動去完成這個悸動。呂興忠主任常說：改變世界的同時，我們也改變了自己。

洪曼真／臺中榮總不分科住院醫師

2013年第六屆彰中非洲志工

　　我人生的第一次出國，在高一的暑假，以當時我家的經濟，那是無法想像的事。感謝宏碁施振榮董事長、全漢鄭雅仁董事長、呂興忠主任與胡彩蓮老師，還有志工團的夥伴們，讓我有機會搭上飛機，有機會到非洲史瓦帝尼。

　　我們在珍妮的Project Canaan一起油漆孤兒院，一起開墾玉米田。非洲之行後，我開始不斷和自己對話，要如何以行動去改變我身邊的世界。這本書讓我們思考不管在什麼位置，只要有心，任何人都可以做出改變，而你改變不只是你的對象，更重要的是，你也改變了自己。

詹翔鈞／臺東Sinasera24侍酒師
2015年第八屆彰中非洲志工

　　我很幸運在大學時代認識Janine和她的家人、團隊，替她完成前兩本書的翻譯，這段彌足珍貴的經驗，對我往後的人生，造成很多影響。多年後的今天，Janine出版了第三本書中文版，完成翻譯工作的劉千綾，也是大學生的身分，高中時代的她，就已經到史瓦帝尼擔任志工，這段經驗加上她深厚的語言能力，這本書的中文版，令人期待。

　　Janine書寫的不只是她的人生，在史瓦帝尼最匱乏的角落，Janine和非洲之心團隊努力不懈，為數百個孩子、家庭在黑暗中點亮希望之光。數十年來，Janine改變的不只是史瓦帝尼的孩子，遠在臺灣的我們也深受她的影響，因為她，許多的臺灣學生，有機會深入了解史瓦帝尼，甚至知道十六七歲的自己，也有能力去創造改變；因為她，像我這樣平凡的人，竟能在大學時代有機會，透過翻譯的工作，看見世界的廣大，看見人的信念和愛帶來的改變。

　　好的故事讓不同國家、文化背景的人，都能在其中找到自己，我想這是Janine的故事永遠精彩動人的原因！

　　　　　　　　呂亭詠／桃園大園國際高中英文教師
　　　　　　　　2008-2010彰化高中非洲志工

目次

作者中文版序／感謝臺灣

距離我寫《你OK嗎？》這本書已經過了13年，真是令人難以置信。更令我難以相信的是，我寫完那本書之後，更多人知道我們的故事。在那本書的最後章節，我們才剛以一百萬美金，在非洲的史瓦帝尼（那時還稱作史瓦濟蘭），買下迦南計畫這片土地。這片非洲叢林沒有水電，沒有建築物，沒有道路，但有許多毒蛇和鱷魚出沒，周圍是過著赤貧生活的人。

臺灣彰化高中圖書館主任呂興忠說：「沒有行動的閱讀是無效的！」2012年，我們家人決定採取行動，搬到史瓦帝尼長住。這個決定並不簡單，對我們尚年幼的孩子史賓賽和克洛伊來說，更是困難。但上帝對所有事情都有祂的計畫和安排。史賓賽之後回美國完成大學學業，而克洛伊則到臺灣，在臺中馬禮遜學校完成高中學業，那2年是她人生中最棒的時光，臺灣的生活對她影響極深。

2008年，我在史瓦帝尼首次見到呂興忠主任，我們成為了好友。呂興忠主任不僅帶領許多屆學生到史瓦帝尼做志工，他也帶那些學生走上街頭，告訴臺灣人民非洲孩童貧窮的困境。臺灣成為迦南計畫的助力之一，彰化高中的

學生協助募款，透過興建水庫，讓迦南計畫在非洲幫助更多人。

如今，迦南計畫生機蓬勃，這裡住有幾百名孤兒和被遺棄的孩子，他們會接受到最高程度的教育，每位學生將有機會發揮潛能，成爲他們自己最棒的模樣，並成爲史瓦帝尼王國未來的領袖。

迦南計畫學校正在興建世界頂尖的圖書館，將具備極佳的學習、閱讀環境和電腦設備，我們的學生得以藉由這些資源達成最高的學業成就。

本書在臺灣以及世界各地出版全部的所得，將會協助興建這座圖書館。在此，我要向呂興忠主任、施振榮董事長、鄭雅仁董事長、孫金泉董事長及彰化高中表達感謝，因爲他們願意幫助那些無助的人，同時向現在的學子展現如何幫助貧窮無助的人，協助他們搭建未來。呂興忠主任的領導和志工活動，改變了許多臺灣學生的人生，還有史瓦帝尼學生的人生。謝謝你的友誼和支持。

珍妮・麥斯威爾／作者、以及許多孩子的母親

譯者序／溫暖的力量可以很強大

對許多人來說，非洲是個陌生的地理名詞。對我來說，非洲也曾是遙不可及的地方；直到我升高二的那個暑假，從街頭義賣書籍、整理愛心物資、籌劃活動表演等，最後我跟著呂主任帶領的志工團飛越千里來到南半球的史瓦濟蘭（那時候還未改名史瓦帝尼），見到珍妮和非洲之心的員工以及孩童們，才真正打開我內心的某個開關：想要改變這個世界。

我印象很深刻，第一次見到珍妮是她到彰中參加國際青年領袖會議時，我擔任她的口譯。當時我非常慌張，而她非常貼心的放慢語速。珍妮的組織收養許多棄嬰，照顧他們需要許多心力和資源，更何況是在資源缺乏的非洲，因此他們必須一面籌募物資，一面建立起自給自足的供應系統。

我在翻譯這本書時，更加了解珍妮想要透過愛和教育「改變下一代」、改變非洲命運的想法。她提到教育的重要，可以降低、甚至解決非洲許多社會問題，像是性暴力、未婚懷孕、宗教迷思等。但她也提到，改變的過程會遭遇文化差異所產生的衝突、組織內部的信任默契以及個

人價值和信念的考驗。

　　珍妮在書中細數她成立非洲之心以來經歷的困境和挑戰，翻譯的過程就像和她面對面聊天，聽她分享人生的跌宕，以及在逆境中求生存的堅強和毅力，使我深感佩服。尤其面對大火、員工背叛和疫情等巨大變化時，珍妮總能在遭逢危機後，選擇繼續勇敢和正面的擁抱人生。

　　感謝各界人士在百忙之中抽空為此書寫序，感謝蔡英文總統、賴清德副總統、施振榮董事長、鄭雅仁董事長以及劉克襄董事長。另外，也感謝許多給予我指導和鼓勵的學長學姐，我也非常感謝呂興忠主任和胡彩蓮老師替我校稿，以及我的家人默默支持和陪伴我。最後，非常感謝願意翻開此書閱讀的你，每個行動都是改變的開始。

劉千綾

獻給我的家人

我要將這本書獻給我的家人，他們全心全意支持我到非洲服務那些生活貧乏困苦的人，同時做出許多犧牲和奉獻。

我親愛的丈夫伊恩（Ian），你展現在工作和許多細節上的正直誠信、同理憐憫、以及耐心，如掌舵指引我。你的領導力替我們所有的孩子樹立榜樣，最好的男人和爸爸非你莫屬。

我親愛的兒子和女兒，史賓賽（Spencer）和克洛伊（Chloe）。你們是最棒的孩子，小時候的暑假常被我們拉去非洲，最後也支持我們搬去非洲的決定。現在你們已經成為獨一無二的大人，同時也做出改變、影響世界。感謝你們願意和這幾百個非常需要一個家的小朋友分享自己的父母，同時也毫無保留的愛著他們。你們對這個成長中的家給予的支持和承諾，是你們人生對上帝信仰的驗證，你們的無私奉獻也是大家學習的榜樣。願上帝祝福你們，並持續指引你們往後踏出的每一步。

愛你們的妻子、母親
珍妮

本書的由來

如果你沒有看過我前兩本書，也就是《我不OK！》和《你OK嗎？》，我會在這邊先簡單介紹一下我的人生，不會花太長的篇幅，以便快速進入正題。「迦南計畫」（Project Canaan），是一處在史瓦帝尼王國（舊稱「史瓦濟蘭王國」）希望萌芽的地方，現在是我們的家。

我成長於加拿大北安大略地區的小鎮曼西森（Matheson），那裡約有3,500位居民，十月初就會開始飄雪，直到五月二十四號左右湖面的冰才會融化。我的童年無憂無慮、自由自在，但我現在一點都不想念冰天雪地的天氣。

我的父母伯尼斯（Bernice）和羅素·威利斯（Russel Willis）是藥師，自多倫多大學畢業後，因為南方的花粉會引起父親的氣喘，他們決定搬家到北部，隨後發現他們沒辦法生育。向「救助孩童組織」（Children's Aid Society）登記後，他們期待一個男寶寶的到來。然而，接到有一個女寶寶可以認養的電話後，他們改變計畫，欣喜的迎接我成為家中的新成員。

　　從小，父母就讓我知道我是被領養、被選中的孩子，老實說，當我還是青少年時，我以為他們是去一間像雜貨店的商店，架上有許多新生的寶寶，在那些又哭又笑的寶寶裡面，我是最可愛的一個，因此他們選擇了我。我不曉得他們最後如何去櫃檯結帳，但我沒有就此停止想像他們為何選中我。（直到最近史瓦帝尼的小孩開始詢問他們是從哪裡來的，以及誰是他們「真正的媽媽」，我才意識到之前我對於成為威利斯家中一份子的想像有多重要，之後再談吧。）

　　我的高中生活不太順利、無聊透頂，我時常和我的父母（虎爸虎媽型）頂嘴，因此我被送到一間位於布羅克維爾的葛蘭威爾基督教住宿學校（Grenville Christian College）。這些年來，這間學校爭議不斷，有人認為它是監獄、邪教團體，也有人認為它作育英才，最後學校關閉了，我不會在此討論對學校的看法。我想講的是，我在那裡遇見了我的老公，伊恩，我們一起參加查爾德家星期六晚上的聚會，他那時候讀十年級，而我讀十二年級，我們就這樣認識了。大學畢業，我們才相戀、結婚。

　　後來，搬家到密蘇里州的春田市，進入埃文格爾大學（Evangel University）讀書。我喜歡和加拿大的朋友一起在中西部度過的時光。1985年畢業後，我北漂到多倫多，因為嚮往可以住在全世界最酷的城市（就是多倫多！）。我爭取到一份行銷工作，除了佣金，每週薪水是兩百塊美金。幾年後，我決定開創自己的行銷公司，一個沒有行銷

和商業學歷背景的24歲女性開公司到底有多難？有位叔叔說我永遠不會成功，因爲只有最優秀的人，才能在行銷領域撐出一片天；我爸則說我不是企業家，只是辭掉工作來開公司。十年過後，歐尼斯行銷集團（ONYX Marketing Group）成爲加拿大數一數二的大型行銷公司。

2001年9月11日，當第一架飛機撞向世貿中心時，我、同事和家樂氏公司的客戶正在紐約參加一場行銷會議。我們衝去看新聞，並跑到大廳等待進一步的通知，警察的槍聲從街上傳來，疏散警告中央車站可能有爆裂物，而中央車站就在我們的大廳下面。伊恩當時正在多倫多飛往芝加哥的飛機上，他下飛機後聽到紐約發生的事情，他知道我人在那裡。但我們無能爲力，聯絡不上對方，我們的世界產生了巨變。

我們三天後才回到加拿大，見到孩子、回到家後，我哭個不停、焦慮不安，一切都改變了。我身陷憂鬱，質疑任何事情，包括我爲什麼出生以及什麼是生命的意義，我開始尋覓這兩個問題的答案。於是，我在2003年4月第一次來到非洲。我親眼接觸到赤貧狀況、流落在外的街童、受強暴的孩童、叢林和河邊的棄嬰、爲了生存果腹的雛妓以及因愛滋猖獗而急遽減少的非洲人口，因此我寫下第一本書《我不OK！》。

夜晚閉上雙眼時，孩童的聲音和那些夭折的故事在我腦海中揮之不去，我彷彿看穿他們眼神和靈魂的空洞，我彷彿聞到排泄物的臭味，多年沒有洗澡的瘦小身軀、

頭癬、以及愛滋患者身上腐爛的卡波西氏肉瘤（Kaposi sarcoma）歷歷在目。我無法視而不見，但我持續回到非洲也無法真正「幫助」他們。唯一能幫上忙的方式就是募款，於是我著手募款。

我全心全意投入幫助非洲的孩童，沒辦法專心在工作上，我不再為雞毛蒜皮的小事斤斤計較，也不再享受有趣的事情。去高檔餐廳吃飯讓我備感壓力，因為太奢侈了。我退回新買的BMW休旅車，開起我爸爸不用的里莎比利（Le Sabre）。我決定賣掉公司，這樣才能投入全部時間幫助受苦的孩童。我未來要做什麼以及如何執行還是一團迷霧，我只知道我注定要去非洲。當我開始和潛在買家討論，我才意識到我需要二至三年的過渡期，將我的客戶轉介到新公司。但我等不了那麼久，我決定不賣公司，我要直接關掉。

2005年，撒哈拉沙漠以南的非洲地區估計有1,500萬的愛滋孤兒，進一步的分析指出2010年會有4,000萬名孤兒。情況看來十分危急。

2004年的6月，我們關掉了歐尼斯行銷集團，開始替未來的一切禱告。2006年2月1日，我們創立了「非洲之心」（Heart for Africa）。2006年10月，我們搬到美國喬治亞州的阿爾法利塔，往後7年，那裡成為我們的家以及組織所在，這些瘋狂的冒險事蹟都收錄在我第一和第二本書。

我們在三年內接觸許多非洲國家的孤兒，但當我們提

供服務，並成為這些孩童生活的一部分時，我們內心掙扎著無法為他們做更多事情、以及我們原本想要為他們做的事情。我們只不過提供外部的支持，但每日承受粗重工作的人們以及他們的小孩需要特殊的關愛。

我們想要做更多。

有一天，伊恩洽談了一塊土地的買賣，那裡可以供我們自行工作。《你OK嗎？》的第十三章記錄了這樁驚天動地的事件，我們用一百萬美金的支票向一個男人買下2,500畝的土地，那是一片在史瓦濟蘭的樹叢。2009年，我們獲得土地的所有權，就是現在的「迦南計畫」。那裡原本沒有路、河流、電力、建築物和耕地，什麼都沒有，就只是一片非洲樹叢。

我們的旅程就此展開。

2012年，我們將所有家當打包、運送到非洲，開始新工作，準備擴展我們的家庭、以及建立一個社區。

這就是故事開始的地方。

如同我的其他本書，為了保護相關人士的身分，我更動了一些名字。根據事件發生的時間，我會使用史瓦帝尼王國和史瓦濟蘭王國兩種稱呼。「非洲之心」是在美國、加拿大和史瓦帝尼皆有註冊的慈善機構，「迦南計畫」則是「非洲之心」慈善機構贊助下的開發計畫。

第一章　迦南計畫：希望之地

漆黑的夜晚，她膽戰心驚，因為陣痛比她預期的還要早發生，她知道她即將迎接第二個孩子。她生下第一個孩子時才15歲，生產的恐懼和痛苦在心中揮之不去。她走去室外的茅廁，家人已經使用了好幾年，她坐到茅廁的地板上，陣痛遽增，她用力推，第二個小孩沒有比第一個小孩好生，但她至少有心理準備了。她再次推，直到寶寶的頭從她年輕柔軟的私密處冒出來，接著寶寶滑出來，掉進堆滿排泄物的糞坑。

她有點不知所措，胎盤滑落後，寂靜無聲。她想看一下新生兒，但當她往糞坑下看，只發現無止盡的黑暗，寶寶彷彿被黑暗吞噬。她將自己清理乾淨後，走回由茅草和泥巴蓋成的屋子。

她躺回床上，努力讓自己入睡，卻沒有睡意。五個小時後，曙光從遠處的山脈露出，她悄悄走回茅廁，想確認寶寶是否還活著。

出乎意料，她聽到了哭聲。

「天啊！」她嚇傻了，「我不相信，都過了五個小時，寶寶不可能還活著，他應該早就被悶死了吧。」其他

家人陸續醒來，她趕緊跑去拿鏟子，從加熱昨晚剩下的玉米糊餘燼中，她慌張的挖出一些煤炭。如果能從鍋緣刮下足夠份量的玉米糊，她能為她自己和兩歲的女兒做碗熱粥。她跌跌撞撞走回茅廁，聽見寶寶哭聲越來越大，於是她將煤炭往新生兒身上丟去。突然，一陣腳步聲朝她這邊走來，她驚慌失措。到底是誰？他們聽到寶寶的哭聲了嗎？他們開門後會發現寶寶已經死了嗎？她能夠從這場災難中脫身嗎？

她的舅舅甩開門，眼神彷彿穿透她的靈魂。她做了什麼？從糞坑傳出的聲音是什麼？他屏住呼吸，往茅坑望去，而她跌坐在地上，不斷啜泣。

她到底做了什麼？

她舅舅從她手上奪走鏟子，填滿沙子，將沙子倒在燃燒中的煤炭上面，想要滅掉餘燼，他繼續倒入更多沙子，直到看不見橘黃色火焰為止。家人都醒來了，有人報警，等待救援之前的時間彷若靜止。警察乘著一輛卡車來到現場時，沒人知道或預期會看到什麼。他們將一條細繩圍在少女腰上，將啜泣的她垂吊到糞坑中找尋新生的寶寶。她的腳先是碰到發臭的排泄物，接著被沙子和煤炭淹沒，寶寶被找到的時候，像是黑色煤炭的小生命發出嗚咽聲。最後警察將她拉上來，她鑽出糞坑的洞時，終於吸到新鮮的空氣。

他們趕緊將寶寶擦乾淨，發現女嬰還活著，但身上有嚴重灼傷。他們緊急將她送醫，即使年輕的媽媽意圖謀

殺，但也必須待在醫院照顧寶寶，住院長達六週。在史瓦帝尼，家長或成年人需要和生病的孩子一起待在醫院，因為沒有足夠醫護人員能照護小孩的醫療。

　　女嬰的臉嚴重毀容，她的鼻子幾乎不見，手和腳也都被燙傷。公立醫院的醫護人員盡力搶救，這個開發中國家沒有很好的止痛藥資源（頂多用普拿疼或阿斯匹林）。但她奇蹟似的活下來！六個禮拜後，他們將女嬰和小媽媽送到馬威拉威拉女子監獄（Mawelawela Woman's Prison）。

　　上面這故事讀起來很熟悉，因為我在其他兩本書中也提過。如果你讀過其他故事，可能會覺得這本書想必差不多吧。但我向你保證，這本書不一樣。

　　我第一次去非洲後，覺得必須寫下《我不OK！》，記錄那些孩子經歷的痛苦。他們對我掏心掏肺，我寫下他們的故事，這樣即便一切消逝，他們仍不會被遺忘，更多人會知道他們承受的苦難，可能會帶來改變。我邊寫邊哭，寫下的每個字句彷彿乘載著孩童瘦小身軀的血淚。第二本書《你OK嗎？》中，我記錄了我們這個組織（和一家人）行動的過程，包括提供食物、救助孤兒、教育民眾等，很多時候像是在挑戰不可能的任務。我們努力和非洲各國的部會首長合作，建立永續的關係，但過程超級困難，關於我們被搶劫、被占便宜、被欺騙、被背叛以及被我們曾信任的人傷害的遭遇，我可以再寫兩本書。我不會避談沿路曲折的經歷，因為那正是我們面對的阻礙，當然我也會著墨更多快樂的經驗。

繼續在非洲深耕時，了解我們無法「解決」問題，我們也沒有資格去解決這些問題，但我們有道德和財務責任，去設立方向和界線。在肯亞有一間學校的校長會扒光學生的衣服，在全班面前毒打那些不認眞的學生，我們不認同她的做法，經過一年爲學生倡議、嘗試說服校長後，我們放棄了，知道那不是我們的家、也不是我們的學校，並中止原本要贊助他們的計畫。很多人認爲我們不明理、過於嚴格，但我們有自己的原則。

這本書和其他兩本不同，裡面記錄了我們所經歷的這趟旅程，絕對是大部分人不會選擇的路。但我們想向大家分享悲傷後的喜悅、絕望裡創造的希望、以及經歷痛苦後的心靈療癒。

2008年，花費兩年了解開發中國家的風俗民情後（受盡百般折磨），伊恩受到上帝的啓示，買下2,500畝的土地，而非繼續穿梭在孩童的住所和農場，當時買下這塊土地需要一百萬美金。

如果你不相信上帝會給人啓示，請仔細往下看。我可能說服不了你，你可以暫且相信。

伊恩不是那種會說「上帝告訴我」或「上帝說」的人，他不太會主動跨出舒適圈、涉足未知，更別說在非洲最後一個君主專制的小王國買下土地。伊恩總是精打細算，並不喜歡冒風險，所以我眞心相信是上帝啓示他的。一開始，伊恩告訴我關於土地的買賣時，我覺得他瘋了，也不想開車去看那塊土地。我是一個務實、效率型的女

性，正爲其他事情忙得焦頭爛額，覺得伊恩在做買土地的「白日夢」。

我記得當我問伊恩想要在2,500畝的土地上做什麼，他的眼神亮了起來，神采奕奕。他告訴我，想要在那片土地上養乳牛，這樣我們的孩子不但有鮮乳可以喝，牛奶還可以賣給當地人，我當下提醒他自己連一頭牛都沒看過（他完全是個都市小孩）。他繼續說我們可以種蔬菜給孩子吃，吃不完的蔬菜可以拿去賣，增加收入。我向來是支持丈夫的妻子，我提醒他甚至不吃蔬菜！他繼續說他可以想像很多孩子將這裡視爲家，好幾百人一起在這塊土地上工作，最後有能力成爲家人的支柱。他眞的瘋了！

我以爲這是他中年危機的前兆，覺得可以建議他去買一台小紅跑車，但他很認眞，我沒看過他如此認眞。我告訴他，上帝需要顯示更多召喚，我才會同意這個計畫。我們還沒告訴董事會或其他成員這樁土地買賣，同時我們還在煩惱「非洲之心」的工資。我沒有提過土地的賣家要求一百萬美金吧？在非洲度過漫長的夏天後，我們回到喬治亞州，受邀參加一場會議，遇到一個有錢人，他聽了我們的計畫。他告訴我們上帝給他啓示，讓他看見層巒疊起的山丘上種滿蔬菜，土地上有乳製品、職業訓練、還有許多需要家園的小孩。我開始哭泣，伊恩看了我一下，跟他提起非洲土地買賣的事情。那個男人停頓了一下，空氣瞬間凝結，我還在努力平復情緒（並沒有成功），他問伊恩買下那片土地需要多少錢，伊恩平靜的說出一百萬的天價。

那個男人又停頓了一會兒，接著說：「你們不用再擔心籌錢的問題了。」

我們原本沒那麼多錢買下那塊土地，但兩週之後，那個男士寄信告訴我們，他願意提供百萬捐款，同時要我們開始進行在非洲買土地的流程。

什麼？發生什麼事情了？我望向天空，發現上帝對我的召喚再明顯不過了，那張百萬支票就是上帝賜予的。我十分懊悔長期對這個想法的輕蔑態度，伊恩總是支持我的瘋狂想法，但我卻沒有相對支持他，我向他道歉，生活即將朝明確的方向展開，對此我由衷的感謝。

2009年，我們收到支票，買下土地，舉辦了「迦南計畫：希望之地」的揭幕儀式，開始清理工作。

我用淺顯易懂的方式解釋這塊土地的狀態：它是一片非洲灌木叢。沒有道路、河流、可耕地、建築物，沒水沒電，什麼都沒有，就是一堆茂密的灌木叢，充滿荊棘、碎石土壤、老舊墓地、許多可怕的毒蛇、野豬、猴子和不太友善的鄰居。2,500畝的土地中大約有1,500畝是綿延的山嶺，剩下1,000畝算是平地（但也沒那麼平坦）。

上帝給了我們一個明確的計畫，但計畫還是很誇張。

當務之急，我們雇用2003年在肯亞認識的一些年輕人，請他們清理灌木叢。首先，我們蓋了一棟農場管理處，並在隔壁蓋了一間小教堂。農場管理處能讓我們繼續在這裡生活，小教堂則是提醒我們來到這邊的原因和使命。第二項任務則是整理出耕地，並在十一月雨季來臨前

收割第一批玉米，因此我們需要買牽引機和推土機來整地。有一群人得跟在牽引機後面，將小碎石撿起來，放入拖車中載走，我們之後也會用這些農場的石頭裝飾建築物。工作很耗體力，令人腰痠背痛，但那群肯亞人長期工作下來完全沒有怨言，另外有一群史瓦人，這是他們人生中的第一份工作。

有些人能吃苦，有些人不行，經過肯亞人的努力，我們在雨季前收成第一批作物。同時，我們也興建了兩座水庫，用來儲存雨水，以及土地吸收飽和後、從山坡流出的雨水。第二座水庫旁邊有鑽洞，這樣我們就可以利用水庫底部的水來灌溉玉米田。

在接下來這幾年，我們努力興建基礎建設，包括電力設施、鋪路、備用發電機和濾水系統。我們希望能夠自給自足，目標是藉由銷售農場的產品賺取收入，以補貼整體的營運成本。捐款只用在重要的指定計畫，我們有精密的滴灌系統，一百英里的管線散布在三十畝的土地上，可以讓我們在雨季來臨之前產出蔬菜。

伊恩喜歡吃從我們農場採收的蔬菜！「迦南計畫」綠意盎然，我們成功生產食物。在世界某處小王國的一隅，充滿生機和希望的曙光。

在2012年，我們開設了「愛羅伊之家」（El Roi），收留棄嬰，第三章會有更詳細的介紹。第一個寶寶來到這裡的幾個月後，我們一家就搬到了史瓦濟蘭。雖然農場不需要我們親自管理就可以運行，基礎建設也能從美國遙

控，我們還是覺得需要親自接手寶寶入住的事宜，處理程序、排定行程、專業訓練等都很重要，我們並不想將寶寶當作美國或加拿大的孩子扶養，我們將以敬重的態度照顧他們，給他們滿滿的愛。

　　我們並不是出於「喔，有寶寶在那裡，所以我們要趕快搬過去」的心態，而是經過一年的規劃，因為史賓賽即將高中畢業，而我們在史瓦濟蘭找到一所不錯的私校，克洛伊也可以在當地就讀。我們告訴親朋好友準備搬去非洲的計畫，他們難以置信，我可以理解，畢竟，誰會想要搬到非洲？關於這點，我認為就是做好準備，收拾行李，然後禱告！

　　2012年5月31日，我們一家搭上飛機。6月1日，我們成為史瓦濟蘭的居民，就此展開人生的新篇章。

　　你還記得第一章開頭提到那個被燙傷的寶寶嗎？我們姑且叫她芭芭拉（Barbara），她出院的當天就和她媽媽一起被送進女子監獄，監獄社工打電話問我「愛羅伊之家」是否還有空間接受一個六個月大的寶寶。當時，我正和來訪的加拿大蛋農組織的好友吃午餐，我問他們：「誰想和我一起去接這個寶寶？」在場的四位男士異口同聲說好，沒有任何人知道等一下會發生什麼事情，於是我們開車前往女子監獄。

　　我們抵達時，將手錶、戒指和手機等留在車上，通過安檢時只能拿證明身分的文件。通過巨大的鐵門後，它在我們背後重重的關上、安全上鎖，不知道我的客人會不會

後悔來走這一趟。

在監獄長的辦公室，我抱起包裹在層層毛毯裡面的寶寶，她的臉扭曲變形，像被顏料潑灑，留下不規則汙漬。我重新再看一次寶寶嚴重燒傷的臉，內心深受打擊。我將寶寶放在辦公室的桌上，掀起毛毯，想看看她身體的狀況。我詢問監獄長和社工，寶寶到底經歷過什麼事情，他們告訴我那些我在第一章前面就提過的故事。他們問我：「珍妮，你可以把這個小孩帶回迦南計畫，給她一個家和希望嗎？」我堅定答應，於是她成為我們經由社福機構接受的第78位小孩。

芭芭拉當晚就和我們一起回家，由車子後座三位中年男子一起抱著，他們嘗試餵芭芭拉喝奶，但她的鼻子被燒毀，需要靠嘴巴呼吸，因此沒辦法吸奶。那天，我們成為她的家人，迦南計畫成為她的家園。那天意義深遠，永遠改變了我們的生活，我們想要幫助史瓦濟蘭孩子的承諾也更加堅定。

我們的醫療團隊隔天診療芭芭拉時，發現她的傷口復原狀況極佳，包括截肢的大拇指那裡。然而，她時常感染肺炎，送到鎮上的私立醫院急救數次，偶爾出院了，卻又很快的在一週後送醫，應該是嬰兒配方奶粉造成肺炎感染。這樣下去不行，我們必須找到更好的辦法。

我聯絡在全球醫療救援基金（Global Medical Relief Fund）的朋友，他們馬上答應美國史泰登島大學醫院的團隊可以幫芭芭拉進行重建手術。往後兩年，芭芭拉飛往

美國兩次，利用她的一隻手指成功重建鼻子、眼睛、嘴唇、下巴以及笑容。

現在芭芭拉是一個精力充沛、很有想法（有人說是固執）的女孩，擁有完美的笑容，她快樂的學習、表現也很好，真是奇蹟。我講芭芭拉的故事時，通常只會提到這裡，但現在我還想分享更多關於她母親的事情，我和她媽媽在監獄第一次碰面後，依舊保持聯絡（稱得上有些交情）。

當她將裹著嬰兒的毛毯交到我手上時，她脆弱無依、臉色灰白、滿臉淚痕、空洞的眼睛布滿紅色血絲，她的存在很渺小，感覺恨不得消失在世上。我看完寶寶後，望向她原本站的地方，她跌坐在地上，我蹲下身問她寶寶發生了什麼事情，這時我和我的加拿大朋友們才了解故事的來龍去脈。她小聲、緩慢的告訴我們那天深夜和一大早發生的每一步，其實就在幾週之前而已，她回憶起那天凌晨犯下的罪刑，忍不住啜泣。

她沒有繼續講她如何進入茅坑尋回當時認為已經死亡的寶寶，而我也沒有勇氣開口問。我是在數個月之後，從一位警察那邊聽來。那位警察帶來另一位寶寶時，問我們能不能看一下那個「被燒傷的寶寶」，我問她是哪一個，她描述了芭芭拉的故事，我問她為什麼知道，她則說，她是那天用繩索將年輕女孩吊入茅坑的員警之一。

我問年輕媽媽為什麼要這麼做，她為什麼要在茅廁生產、並試圖謀殺孩子？一言以蔽之，是因為「沒有希

望」。有一個說很愛她並會娶她的男人，叫她和他發生性
關係，但當她告訴男人她懷孕時，男人便裝傻、甚至拒絕
和她說話。她終於有勇氣跟她家人坦承時，又臨陣退縮
了，她已經和另一個「說愛她」的男人，生了一個兩歲
大、患有嚴重腦性麻痺的小孩，她怎麼可以再將一個不受
歡迎的小孩帶進家庭？在史瓦濟蘭的文化中，女人在結婚
前生小孩以證明生育能力是很常見的事情，以前的男人有
越多小孩，代表他越有能力和財富，因此他最好有許多有
生育能力的妻子或女朋友。

　　在你批評這個習俗之前，我想請你先想像一下養兒防
老的觀念。理論上，史瓦濟蘭的小孩在父母年老時，會端
茶奉水、犁田種玉米。但現在情況完全不同，在這個只有
一百萬人左右的小王國，每年有數千件未婚懷孕的案件。

　　有人告訴我，年輕媽媽的家族有人想辦法要把她保釋
出來，將史幣三千五百元（美金兩百三十五元）交給她姊
姊，但她姊姊竟然將錢花掉了。年輕媽媽只好繼續吃四年
的牢飯，她腦性麻痺的第一個女兒也被送進監獄，因為家
裡沒人可以照顧她，警察決定讓她待在媽媽身邊。

　　我偶爾會接到來自這位無助又受傷的年輕媽媽打來的
電話，她說我是唯一願意接她電話並對她好的人，她拜託
我去探監，我答應了。我們帶著即將到美國接受手術的芭
芭拉和母親見面。芭芭拉的母親承受和我原生母親一樣的
痛苦、羞愧和罪惡，如今身為芭芭拉的法定監護人，我也
在她身上看到和我一樣的感受。我們成為她的家人，歷經

千辛萬苦幫助她克服身體上、情緒上和性靈上的挑戰。雖然真正的挑戰是從寬恕開始，但芭芭拉現在還太小，無法做到真正原諒媽媽。我可以做的就是幫助這位母親，她悲傷、沉痛的哭泣，但未失去希望，死亡的陰影沒有籠罩在她身上。我和她聊寬恕、聊懺悔。而每一次的見面，都讓我深刻感受到她對過去誠摯的悔意。

四年過後，另外一筆保釋費用湊齊了，年輕女孩終於重獲自由、回到家。當我寫這篇文章時，她還在等審判結果，但我們認為她不會再回到監獄。她的人生完全改變了，她目前在史國的教堂四處演講，教育年輕女孩。用她的上帝，也就是耶穌基督寬恕的力量啟發人們。當我在寫這個章節時，我接到電話，芭芭拉六歲的姊姊在睡夢中過世。

迦南計畫見證了耶穌替人帶來希望，而非失去希望。

第二章　飢餓：不專注就失敗

保持專注對許多人是一大挑戰，當然我也不例外。專注是各行各業致勝的關鍵。當你經營一個非營利的慈善組織時更需要專注的能力，當你在開發中國家營運慈善機構時，很容易受到「任務移轉」（mission drift）影響，不斷有突發的重要事件要處理。每天要完成的計畫可能會被其他事情延遲，像是臨時開車七小時去接寶寶，突然要和地方長官開會、討論增加的暴力犯罪，或是政府部會首長造訪、希望我們幫他的社區籌募水資源計畫需要的一百萬美金。

有些要求聽起來是合理的。

有很多人向我們要食物餵小孩、要學費送小孩上學、或是要買制服的錢，這些要求很合理，但我們需要花費時間、心思、經費去處理。

商業背景的訓練告訴我們不可能服務所有人，所以我們必須訂定完善的計畫，堅定幫助飢餓的小孩、照顧孤兒、改善貧窮現象、以及提供良好教育系統的目標。這些不可變動的明確理念將我們眼前的道路變得更直、卻也更窄，一方面幫助我們在複雜的世界找到定位、幫助需要的

人，另一方面卻也惹怒了原本好心、但想法和我們不同的
贊助者。不過，偶爾還是會有例外。

　　我們也曾經質疑為什麼上帝要從七十億人中選擇我
們。我可以理解上帝選擇伊恩的原因，因為他沉著鎮定、
務實勤奮，善於調解紛爭，擁有經濟學的學歷、擅長處理
計算表，他對事情懷抱熱情和想法。在商業領域，我們會
說他有「可移轉的技能」，可以勝任任何工作。相較之
下，我有點固執、做事果斷，容易對新點子感到興奮，一
個好的商標或琅琅上口的標語都能吸引我，但我沒什麼創
造事物的天分。我和伊恩都愛耶穌，不過我們並不擅長傳
播福音，我們用行動愛上帝。

　　上帝的意旨是什麼？

　　有一天，我們在開「非洲之心」的品牌會議，我發現
我有經營品牌形象的長處可貢獻，以及讓大家專注在真正
該做的事情上面。

　　「迦南計畫」是一處希望（HOPE）之地：飢餓
（Hunger）、孤兒（Orphans）、貧窮（Poverty）和教育
（Education）。也有其他人在這些領域耕耘，但和我們
有很大的差異。有人致力於改善飢餓狀況，但他們沒有做
我們在做的事情；有人在幫助孤兒，但他們強烈反對孤兒
院、替代性照護機構、居家護理中心或兒童之家，但我們
就有。這就是為什麼我們需要設立明確和專注的目標，才
能讓反對的人了解和尊重。

　　為了改善飢餓，我們的計畫有兩個部分：農場和供食

計畫。農場是「迦南計畫」的命脈，同時存在許多功能。我們有三十畝的滴灌系統，除提供食物給孩子，還要有足夠的蔬菜可以賣給當地人。史瓦帝尼95%的蔬菜水果靠進口，因此我們對於種植當地人想消費、而且不用進口成本的食物很感興趣。2019到2020年間，我們種了超過26萬4,544磅的甜菜。除了滴灌系統，我們還有140畝的旱田，專門生產玉蜀黍和牧草。

2015年，我們決定蓋溫室，這樣可以栽種比田間作物更嬌弱、需要細心照料的作物，像是草莓，我們也可以用水耕種植，比田間作物少40%的用水量。我們對這個計畫滿心期待，六畝的溫室配有溫度控制、冷卻水質的系統，我們可以種植孩子營養所需的食物，像是萵苣、番茄、小黃瓜、紅椒、高麗菜和藥草。我們也將這些作物以不錯的價錢賣給員工、以及當地的渡假村和市場。當我們興建溫室時，降雨量逐漸下降，我們不曉得撒哈拉以南的非洲地區歷史上最慘的旱災即將來臨，所以溫室蓋好時，我們沒有足夠的水用來水耕。因此我們必須做出決定，要不等旱季過了再耕種，要不另外尋找水源。

我們買下土地後，第一件做的事情就是蓋水庫，儲存雨水和山上流下來的溪水，我們可以利用這些水源灌溉、過濾後飲用、洗澡、煮飯和興建工程。2016年旱季來臨時，水庫的水位開始下降，三個水庫全都乾涸見底，非常嚇人、也令人心碎。水庫下沒有蓄水層，所以即便我們鑽井，也不會有水冒出來。全國各地無一例外，人們籌款要

鑽井，但因為水位太低，還是無法取得水源。我們開車經過的許多河流，已經乾枯數月，還會持續好幾年。

我們向世界各地的專家尋求協助，2018年我們找到的解決方法，後一章會詳述。同時，我們停止部分的灌溉作業、減少洗澡頻率，每個人兩天洗一次澡（酷熱天氣下真的很難受），還有祈禱老天降雨。伊恩堅持要在溫室裡面種點什麼，這時，在美國亞特蘭大北點社區教堂（North Point Community Church）的朋友問我們有沒有聽過魚菜共生的系統。

沒有，我們沒聽過。朋友接著向我們解釋魚菜共生是結合水產養殖（養魚）和水耕栽培（不必使用土壤種菜）的系統，只需要5％的水就可以種植作物。不需要輪作作物。在同樣面積的土地只能收成三次，魚菜共生的系統可以採收七次。這樣我們就可以種綠葉蔬菜給孩子吃，同時養魚，替伙食新增菜色。史瓦帝尼根本買不到新鮮的魚，就算買到了也是冷凍魚，有些還有凍傷，這個令人興奮的機會值得我們認真考慮。

當你充滿遠見、或想披荊斬棘的創業時，可能會遭到遠在千里、思想老舊的董事會成員質疑、批評或反擊，但這些並沒有阻止伊恩，他在醞釀階段做了很多研究、投注心力訓練員工，也花費個人的金錢在許多很棒的想法。在沒有水的情況下，養魚和種植蔬菜。

2016年，美國科羅拉多泉的魚菜共生組織（Emerge Aquaponics）的朋友，協助我們展開魚菜共生的計畫。我

們在2019年的母親節舉辦烤魚大會，我從來沒吃過那麼好吃的魚！過程非常艱辛，我們也遇到許多挫折，但伊恩堅持不懈。有員工在清理魚池後忘記打開幫浦，害我們一夜之間損失了5,000條8個月大的魚苗；另一次，許多魚從水管進入萵苣田，把萵苣的根都吃掉；更有一次，供氧機壞掉，造成600條大魚窒息死亡。對於這些事情，伊恩展現仁慈和寬大的襟懷，雖然損失令人難過，但伊恩總是將這些視爲教育和學習的經驗。

　　除了農場和溫室，我們還有一個大倉庫（像巨人的冰箱），用來整理出口的商品，我們會在那裡整理、清理、打包新鮮的蔬菜。玉米筍殼、甜菜葉和廚房剩菜剩飯的廚餘量大得驚人，2020年，我們設置了巨型的堆肥坑，將廚餘轉換成營養十足的肥料。我從沒想過有一天我會對堆肥那麼有興趣，我媽媽以前經常做堆肥，所以我對這塊並不陌生，只是現在堆肥做得更大。

　　酪農生產的部分也值得一提。最初我們只有6頭牛，經過購買和人工授精的方式，現在已經有130頭，希望明年能增加更多。剛開始，牛奶產量只夠我們的寶寶和幼童喝，隨著牛群增加，我們可以將多餘的牛奶賣給當地的食品加工公司帕瑪拉（Parmalat）。小孩喝得很兇，牛奶全是我們牧場生產。到2020年中，經過內部廚房消毒後，我們每週提供三百加侖的牛奶，每天做優格。另外我們也有一小群可供食用的牛，牠們和數百隻羊一起吃草；我們有自己的屠宰場，可以提供孩子和照顧他們的員工紅肉，省

下一大筆買紅肉的錢。

農場最後一個大計畫是蓋兩座雞舍，可容納2,500隻母雞。我恰好認識美國聯合雞蛋生產的執行長查德（Chad Gregory），與他談過後，這個計畫就誕生了。聯合雞蛋生產的辦公室恰好離「非洲之心」在喬治亞州的辦公室很近，我和查德也就熟識起來，他一聽到我們的目標就決定幫忙。首先，他邀請我們去義大利威尼斯的國際雞蛋委員會演講，我們在那裡遇見加拿大蛋農組織的提姆·萊波特（Tim Lambert）。提姆和其他組織成員到史瓦帝尼參訪，經過無數次討論會議後，他們決定鼎力相助雞舍興建計畫。他們不僅承諾募集資金，廣邀世界各地的夥伴加入，還答應協助五年的營運。母雞平均每26小時會產下一顆蛋，所以我們每天有源源不絕的4,500顆蛋，小孩因此有很多雞蛋可吃，我們也自製美乃滋，每天平均使用250顆雞蛋。這個計畫原先並不是針對我們自己的需求，而是幫助周遭社區持續增加的蛋白質需求。

接下來我要談改善飢餓的另一個計畫：供食計畫。

2005年時，史瓦濟蘭有世界最高的愛滋病感染率，超越波札那（Botswana）。國內的愛滋病與肺結核猖獗，醫院擠滿了骨瘦如柴的病患，有90%的病患死於愛滋病相關的疾病。中年世代因為愛滋病病逝，留下年邁虛弱的祖父母和許多小孩。

史瓦帝尼是多妻制社會，男人可以娶六到八個妻子，妻子主要的功能就是生小孩，生很多小孩，因為小孩是未

來的希望。父母普遍有養兒防老的觀念，相信小孩長大後會幫忙種田、提水、從工作的城鎮寄錢回來，確保下半輩子生活無虞，能在自己的家園安心養老。

1980和1990年代，許多史瓦濟蘭男人到南非的礦坑工作，待遇不錯，但條件是要連續工作11個月。這些男人每年回家一次，看看家人、和妻子享受魚水之歡，因爲他們在外頭工作時也會和其他女人交往，在不知不覺中將致命的愛滋病毒帶回家。一個丈夫感染不只一位妻子（非洲普遍上如此），他會感染所有的妻子，然後回南非工作，經常一去不返。家人認爲他們的丈夫或爸爸跟其他女人跑了，但更常見的是，男人因病客死異鄉，讓家人深陷疾病的恐懼，妻子也常因被感染而死亡，農村經常留下無父無母的數十個孤兒，只剩祖母（稱爲gogo）還活著，照顧孩子的責任便落在她身上。

在加拿大時，我非常景仰史蒂芬・路易斯（Stephen Lewis），他曾經擔任聯合國的愛滋特使。十五年前，他召集加拿大的祖母去史瓦濟蘭，號召gogo爲她們孫子的權利挺身而出，她們提供訓練、支持、物資和精神鼓勵等各方面的協助。現在有的gogo已經過世，有的則非常衰老。年長者曾是這個小王國社會的重要支柱，但如今，這些支柱已經搖搖欲墜。小孩已長大爲青少年或成年人，但很多沒有受過教育、沒有被關愛，他們被社會忽略，成爲失去希望的一群人。

失去希望的情緒會轉換成恐懼，恐懼會讓他們變得脆

弱，青少年懷孕、性傳染疾病和愛滋病案例層出不窮。在失去希望，以及變得憤怒的情形下，強暴、暴力犯罪、縱火案、青少年懷孕、性傳染疾病和愛滋病接二連三發生。

當我們買下「迦南計畫」的土地時，我們計畫幫助更多人、以及遙遠地區的小孩，因為那裡沒有關懷點，也就是非營利組織或政府的供食中心。有些小孩獨自住在叢林裡，或隱身在城市的垃圾堆，他們飢餓、瀕臨死亡。一直到2009年，上述的情況並未獲得改善。直到開始使用雞尾酒療法，在接受適當的療程和足夠的營養後，壽命延長、生活也獲得改善。醫院不再擠滿病危憔悴的人，他們能夠得到不錯的工作，但這並沒有改變父母雙亡造成的傷害，留下許多失親和脆弱無依的幼童，OVC（Orphaned and Vulnerable Children）是他們專有的縮寫名詞。

我們想到一個辦法，就是和鄉村地區的教堂合作，幫助他們供餐給社區小孩健康和營養的食物。我們還制定三個主要的準則，教堂要信仰上帝、以聖經為圭臬、並且致力幫助脆弱的孤兒。他們要摒棄巫術和傳統療法，但他們無法理解為什麼基督教教會不能接受邪靈崇拜，最後我們從350個申請案件中，找到30個可以合作的教會。

這是一場實驗，如同我們做的其他事情一樣。我們主要提供的是玉米粉和甜豆，出自我們農場。後來我們發現「供餐飢餓孩童」組織（Feed My Starving Children）在製造乾燥的米食「嗎哪包」（MannaPack），經聯繫後，我們成為合作夥伴，同年我們收到27萬份食物，每一份食物

含有維生素、礦物質等玉米粉沒有的營養成分，真是太棒了！蛋農也提供富有高蛋白的雞蛋，孩童在社區教堂不僅可以吃到熱騰騰的食物，還能馬上吃到新鮮煮好的雞蛋，不用再擔心食物在回家的路上被偷走或被鄰居吃掉。

我們非常重視責任感和透明度，贊助者也很看重這些，合作的社區教堂也要符合這兩項要求。這個要求絕非易事，每間教堂開車到「迦南計畫」起碼要兩個小時，大部分的牧師平常都在鎮上工作和生活，只有週末會回鄉佈道。因此，我們仰賴教堂的志工，他們妥善處理和分配運送過去的食物，確保那些食物不會被賣掉；但志工大多不識字、也不會算數，要計算小孩的供餐量，困難重重。

我們主要服務的對象是上教堂的民眾，其中有七成是星期日上教堂的小孩、兩成女人、一成男人。根據官方估計，全國總人口有超過一半是孤兒和脆弱無依的幼童，只有52％的孩童有出生證明，沒有出生證明的孩童，學校認為無法證明他們的存在，因此無法上學。

全國有70％的失業率，有一半以上的人口是OVC，95％的食物靠進口，價格昂貴。基本上農村以自己種的作物餬口，最常見的就是玉蜀黍，三年的乾旱，玉蜀黍也種不起來。雖然玉蜀黍沒什麼營養，但可以填飽家人的肚子、讓嬰兒不哭鬧、提供心靈上的慰藉。沒了玉蜀黍，學生只能靠學校的供餐，但學校只有週一到週四供餐，週五提早放學不供餐，即便減少一天供餐，食物還是不夠。2019年，許多學校回報到八月、最晚九月中旬，就會用完

美國國際開發署捐贈的食物配給，學生在學校也吃不到正餐。

　　另外，全國100萬人口有48％小孩沒有出生證明，因此他們無法上學，這其實違反聯合國的人權規定。全國50％的人口都是小孩，而其中又有50％的人沒有出生證明，全國大概有25萬的孩子失學。

　　我們的運貨司機每兩週開車2,200英里，將嗎哪包和煮過的雞蛋（有特殊的保存方式，常溫可保存30天）送到合作的30座教堂，讓挨餓的小孩能夠飽餐一頓。在2019年十週年活動，我們規劃參觀所有合作的30座教堂，並替每週接受供餐服務的3,500多位小孩做健康檢查，幫他們量身高和體重，幫三歲以下的小孩測量頭圍，在生長表上面標註他們的狀態。我們發現，營養不良和發展遲緩的現象依舊普及。近期的官方數據顯示，國內每四個小孩就有一人營養不良或發展遲緩，但我們所做的小型調查數據，比例可能比官方統計更高。我們為下一步的計畫禱告，接著展開2020年的飢餓計畫。

　　飢餓計畫在2020年7月展開，目標是解決接受供餐服務的3,500位小孩營養不良的問題。於是，我們在美國或加拿大尋求願意合作的教會和組織（包括扶輪社、慈善團體、學校），他們需要和史瓦帝尼的教堂合作兩年，提供資金讓我們購買更多嗎哪包，協助增加雞蛋的產量，讓小孩每天都有蛋可以吃，我們必須每天供餐，才能達成解決營養不良的目標。

　　我們計畫每年替小孩做健檢，來評估計畫的成效，預期往後會有更多小孩需要供餐服務，因此積極在史瓦帝尼尋找更多合作的教會。

　　不上教堂的人經常問我們：「你們爲什麼要和教堂合作？」我們的答案很簡單，因爲史瓦帝尼有很多教堂，有些人在一棟建築物裡面聚會，有些人聚集在一棵樹下。幾乎每個人都會參加教堂的活動，這是幫助孩子最快、最實際的方法。

　　我們自己時常要保持專注，飢餓計畫的目標是生產食物和溫飽孩童。當我們拜訪合作的教堂時，經常看到更急迫的問題，讓我們不知如何是好；我們想要幫助遇見的每一個人，但這根本不可能。我們心有餘而力不足，確保食物安全的責任已經夠重大，這個國家還有許多其他問題，包括沒有出生證明的嬰兒、沒有受教育的人、失去父母的家庭、強暴兒童案、家暴案、傳統儀式殺人以及種植大麻等問題。

　　政府盡可能解決上述的問題，但這是一場艱辛的戰役。即便我們選擇幫助一個迫切需要援助的家庭，也沒辦法了解問題的根源所在，也不知道這些善意會不會衍生出更大的麻煩。

　　舉個實例，我們的團隊在離「迦南計畫」不遠的社區，發現一戶人家，有丈夫、妻子、還有兩個年幼而且嚴重營養不良的小孩，他們住在破爛的帳篷裡面，可以遮陽，但擋不住大雨。這對父母急切的求助，他們受盡折

磨，我們的團隊也想幫助他們，幫助眼前需要的人有什麼不對？但事後證明不是如此。我們深入了解後，發現他們沒有其他親戚可以依靠，這戶人家的確需要幫忙。我們送上嗎哪包和雞蛋，讓他們不再挨餓。

我們還決定為他們用堅固的磚塊和水泥，蓋一間有門有屋頂和幾扇窗戶的房子。我們提供原料，丈夫說他可以自己蓋，鄰居也會幫忙。計畫如期進行，我們覺得這個例子不錯，我們可以專心一志做供食計畫，房子興建過程中，我會定期收到工程進度的照片。

房子蓋好不到一個月，我接到電話投訴，因為白人幫他蓋房子，那個丈夫變得很自大。他喝醉後，嚴重毆打妻子到失去意識，住院治療。孩子們被送到山上的遠親家，我們已經好幾年沒看到他們了。

我希望我們遵守只提供食物服務的原則，但我看到聖經經文上寫著，我們應該幫助窮人，即便這些貧困的孩子往後可能會在嚴酷的天氣下喪生，在開發中國家這是無法避免的。有一本暢銷書《助人可能的傷害》（When Helping Hurts），副標是「幫助他人脫貧，避免傷害窮人和自己」（How to Alleviate Poverty Without Hurting the Poor...and Yourself），你如果曾被領導階級的人拒絕，因為他們不想讓你做你想做的事情，如果你正為此困擾的話，我非常推薦你閱讀這本書。

我的第一趟非洲之旅，太過熱心、也認為立意良善，我參觀肯亞約有500名孩童的兒童之家。兒童之家距離首

都奈洛比有兩小時車程，我靈機一動，想到奈洛比租一台
冷凍貨車、買很多桶冰淇淋，給小朋友吃。我想像著甜筒
上裝滿兩三球，巧克力、草莓和香草口味的冰淇淋，一定
會讓這些沒吃過冰淇淋的小孩很開心。我告訴兒童之家的
負責人這個想法，並表示願意提供所有贊助，他停頓一
會，笑了笑，讚許我想到的好主意，接著建議我們或許可
以用這些錢買肉給小孩吃，因為他們很少有機會吃到肉。

　　那一瞬間，我的觀點完全改變。從那天起，我試著站
在別人的角度看世界，以及學習說話前先思考。之後，我
立刻答應買下一頭小牛替孩子加菜，也參與彷彿在觀看技
術精湛外科手術的屠宰過程。幾個小時後，獸皮掛在樹上
（之後會被做成小孩的鼓），屠夫拿到最好的部位（腦
袋、眼球、內臟、舌頭和私密部位），肉和骨頭則放到大
鍋子裡開始熬煮。這個經驗對我來說意義非凡，我一輩子
也忘不了。

　　我從沒想過幾年後，我會住在非洲的農場，用電子設
備宰殺自己養的牛隻，還會與人討論誰分到最好的部位。

　　伊恩實現想要養牛的夢想，我們也會用牛奶自製冰淇
淋給小孩吃，在肯亞的經驗彷彿預知了未來，也教會了我
許多事情。

第三章　孤兒：上帝選中的孩子

飢餓計畫的首要目標是讓農場準備就緒，然後再蓋一棟房子給失去父母或被丟棄的嬰兒。但上帝似乎不這麼計畫，祂認為一棟給嬰兒的房子更迫切需要，而住在喬治亞州的我覺得可以再緩緩。很顯然的，上帝認為這非常急迫。

有一群來自密蘇里州開普吉拉多的朋友，在2009年7月來史瓦濟蘭當志工。他們回去不久，我接到朋友的電話，泰瑞莎・巴爾克（Teresa Birk）的兒子賈納德・巴爾克（Jared Birk）跌落並溺死在自家後院的游泳池。我無法形容我的悲傷和心痛、以及朋友承受的巨大痛苦和折磨；但整個社區竟然動員起來，幫助這個破碎的家庭，更徹底改變了「迦南計畫」。雷琳娜・費格森（Raelenna Ferguson）聯絡我，詢問蓋嬰兒之家需要多少錢，我告訴她我不知道，因為我們根本還沒開始設計，農場準備好前還需要更多基礎設施。她告訴我，她和她的社區想要為兒童之家募款，以紀念過世的賈納德，所以我要給她一個數字。

我做不到，她不斷勸說，我又回絕。最後她贏了，我

們成為合作的夥伴。

我們開始設計房子，並聯絡與在烏干達Watoto村莊關係密切的兒童之家。經由他們的協助，以及美國密蘇里州開普吉拉多（Cape Girardeau）新朋友的慷慨解囊，「愛羅伊之家」（El Roi）終於在2011年底開放，我們開始雇用並訓練員工。

我們期待第一個小孩的來臨。

2012年3月1日，伊恩和幾個朋友正在我們那片土地的山頂，我在美國接到史瓦濟蘭兒童之家的電話，告訴我們第一個寶寶來了，是一個男孩。我們當時就祈禱希望第一個寶寶是男生，計畫將他取名約書亞。在舊約聖經中，約書亞流浪40年後，成為第一個進入迦南應許之地的人。我在電話那頭呼喊伊恩，叫他趕快下山。

我接著打電話給泰瑞莎，告訴她紀念小賈納德的兒童之家正式啟用了。之後，我打給雷琳娜，告訴她她是對的，並對我之前的存疑懺悔，我非常感謝她的決心和愛心。

愛羅伊（El Roi）希伯來文的意思是「看顧著的上帝」，這個名字代表著上帝看顧被遺棄的孩子，同時也看顧拋下他們的媽媽，上帝平等的愛著他們。

成立兒童之家時，幾番考量後，我們決定只接受12個月以下的小孩（之後調整到24個月，我會再解釋）。首先，棄嬰的確需要一個可以安置的地方，這裡的報紙每幾週就會有棄嬰的報導，他們可能被丟在茅坑、路旁的塑膠

袋裡、或是鄰居家門外。這些小孩會被送到公立醫院或中途之家，由於只進不出，最後收留人數超過機構負荷；有些留在醫院，甚至死亡。直到現在，有些智力和身體殘缺的成年人，甚至快30歲了，還住在醫院的兒童病房。

大多數的孤兒院不接受3或4歲以下的小孩，因為買尿布、濕紙巾、奶粉和保養品很花錢，寶寶很容易生病死亡，比起接受已經會上廁所、走路和講話的孩子要承擔更高的風險。

但是，我們收容一歲以下的小孩，他們越早被收容，越可以避免遭遇創傷、性侵或身體攻擊。我們有一半小孩不到30天大，比較不會有創傷的經驗。但也有例外，我們曾接受一個在糞坑裡面待了5天的新生兒，她媽媽將她包在大毛毯裡，因此她沒有失溫、也沒有直接接觸到大量的排泄物。經過治療後，她恢復得很快。收養這些寶寶，我們可以對他們的生活帶來很大的影響、讓他們擁有更好的未來。

這群小孩來到我們身邊後就不再是孤兒，所以我們將之稱為兒童之家（Children's Home）而不是孤兒院，這裡的員工會成為小孩的阿姨、叔叔、兄弟姊妹甚至是祖母。在史瓦帝尼語中，媽媽是「make」（發音mah-gay）、爸爸是「babe」（發音bah-bay）、叔叔是「malume」（發音ma-loo-may）、阿姨是「anti」、兄弟是「bhuti」（發音bootie）、姊妹是「sisi」、祖母是「gogo」、祖父是「mkhulu」（發音mmm-koo-loo）。

　　我們是一個大家庭，並持續擴大中。史瓦濟蘭的小孩會叫爸爸的妻子們「make」，他們很少用叔叔阿姨的稱謂。我一開始很困惑，當有人說他必須回家參加母親的喪禮，但一個月後，又有一個媽媽過世。我當時就想：「你覺得我有笨到忘記你母親上個月才過世嗎？」事實上，接連有兩個阿姨過世。他們的文化上有小媽媽和小爸爸，就是父母的兄弟姊妹，我們在北美稱呼他們為阿姨或叔叔。相較於史瓦濟蘭文化下龐大和令人困惑的家庭成員，我們的大家庭似乎普通許多。我們這個大家庭很大，也很快樂。

　　史國國王任命總理和副總理，總理領導政府（僅次國王），也是內閣領袖，副總理則負責孤兒、年長者和殘障人士的問題，這不是一件簡單的事情。副總理在國內的四個地區和一些公立醫院裡面，設有社會福利處，當人們遇到「社會問題」時，他們會去社會福利處尋求協助。社會福利處每天需要處理各種疑難雜症，他們可能還需要幫忙調解家務事、指責一個男人和太多女人發生關係、譴責失職的父親沒有照顧好小孩、幫忙將小孩安置在孤兒院或兒童之家。

　　有一次，一個嬰兒被丟棄在糞坑裡，警察知道嬰兒母親是誰，要求社會福利處替嬰兒找一個安身之處，於是這個嬰兒就送到我們兒童之家。照理來說，警察和社會福利處會寫書面報告，接著他們會去地方法院，法院指令下來後才能將寶寶交給我們。有時候過程會不太順利，因為有

些法官不相信兒童之家對小孩是好的，他們認為親戚應該負起照顧和養育小孩的責任。我想這個世界上若不再需要孤兒院或兒童之家，大家都會覺得很美好，但現實中，有些小孩被迫離開原生家庭，需要一個安全的地方。如果社福人員沒能及時協助想要自殺的年輕媽媽，她的小孩便沒有機會來到人間。

社會福利處將寶寶送來我們的兒童之家，我們成為孩子成年以前的法定監護人，在史瓦帝尼十八歲才算成年。而身為孩子的家人，我們承諾照顧他們一輩子，就如同我和伊恩對史賓賽和克洛伊那樣。我們將他們視如己出，希望他們也能完成學業，對社會有貢獻，特別是高中到成年這個階段，我們會協助他們成為能替國家帶來改變的人。

為達此目標，我們著手開發「搭橋計畫」（The Bridge Program），協助孩子在18到21歲時，做好進入社會的準備。我們希望吸引世界各地的人加入，成為孩子的教練和導師，在高中學業完成的尾聲，協助孩子面對下個階段的挑戰（我會在第十一章有更完整的介紹）。

接受24個月以下的嬰兒另一個好處是我們可以做好未來的計畫，我們知道這裡最年長的孩子蘿絲（Rose）和加百列（Gabriel）2029年會從高中畢業。當我們在寫這本書的時候，他們才三年級，所以我們在2021年1月開學前會需要一間四年級的教室，九年級的教室會在2025年蓋好，2026年要用。做好未來的計畫，能夠繼續下個十年合理的募款計畫。

正值非洲炎熱的二月，有天我接到一通電話，有個路過的男子發現草叢中的袋子在蠕動，一開始他以爲裡面是蛇，他趕緊找當地的店家相助。他們拿著開山刀靠近袋子，準備殺蛇，卻聽到裡面傳出聲音，聽起來不像是蛇。

後來，他們發現裡面是一個剛出生的女嬰，估計被遺棄了3天，3天吔！黑色的塑膠袋上面打了結，救援團隊認爲是狗或其他動物把袋子撕破，女嬰才得以呼吸。可憐的小女嬰體重約四磅，炎熱的天氣讓塑膠袋黏在她的皮膚，全身有多處燙傷和開放性傷口，她的臉部浮腫、有擦傷，眼睛腫到睜不開。那個男子打電話通知距離「迦南計畫」不到16公里的警察局，警察將女嬰送到公立醫院。我開車進城，到醫院時，護理師正在替女嬰消毒，她很小、全身發紅，她虛弱到無法哭喊，基於隱私，我稱這個寶寶爲潔米（Jamie）。潔米洗完澡後，我們替她換尿布，她躺在新生兒加護病房中的新生兒用澡盆裡，在一個小時內，我看到小蟲子從她的眼睛、鼻子、耳朵和其他部位冒出來，一看到竄出的蟲子，我就將牠捏死在床單上。

當我正在爲潔米處理傷口以及禱告時，我看到隔壁床的一個嬰兒，也是新生兒，一兩天前剛在醫院出生，是個胖小弟，似乎有呼吸方面的困難。我看到他呼吸起伏的胸膛停止了。回頭看潔米繼續被清理眼中的小蟲子，腦中盡是隔壁床的小男嬰胸膛靜止的畫面。我不知所措，不知道該做什麼或該告訴誰，我離開病房，遇到我的朋友帕維洛醫生（Dr. Pawelos），有點遲疑的告訴他隔壁床的嬰兒好

像沒有呼吸了。我和醫生回到新生兒加護病房，男嬰的嘴巴冒出血和氣泡，帕維洛醫生替男嬰做了心肺復甦術，我站在角落替兩個寶寶祈禱，最後男嬰在我的眼前死去。

不知為何，出生後被遺棄在樹叢，全身燙傷、滿是蟲子的小女嬰活了下來，但出生在醫院的胖小弟去世了。我不知道原因，不過我知道有上帝的幫忙，我們更有決心讓每位來到身邊的寶寶擁有最好的未來。

在醫院和我們合作的醫生都希望盡快將嬰兒送走，護理師沒有多餘的時間照顧嬰兒，醫院裡面沒有尿布和奶瓶，他們也擔心嬰兒會受到院內感染。我記得有一次，醫生請我到醫院帶走一個住院幾天的嬰兒，她非常希望嬰兒能到愛羅伊兒童之家。但社工將寶寶安置在替代性照護機構之前，想要確認是否有其他家庭解決方案，嬰兒就被迫待在醫院好幾週，確認找不到嬰兒的其他家人後，他們打電話叫我去接寶寶。我開了兩個小時的車到醫院，迎接我的醫生告訴我寶寶被感染、發高燒，所以不能出院，我很感謝醫生對我說實話，於是開車回去。隔天，寶寶就過世了。

我們從醫院接到太多寶寶，回家後發現他們耳朵有嚴重的感染、罹患肺炎、甚至肺結核。因此我們訂定一套流程，讓每個送達的小孩服用抗生素，除非他們是在醫院出生後，直接交給我，讓我帶回家。

潔米是愛羅伊兒童之家的第27個小孩，服用抗生素5天後，我們將她帶回家照顧。老實說，對於一個有那麼多

開放性且易感染傷口的小嬰兒，我們有點手忙腳亂，我們決定先讓她搬進家中進行隔離。其實這個決定並沒有想得很周延，早產嬰兒原本應該要待在新生兒加護病房，接受特別的照顧，但她現在住在我們的臥室裡，我和伊恩每兩個小時輪班一次餵她吃東西。當我們接到潔米的時候，首先要替她找睡覺的地方，她非常嬌小，我想到初為人母時，父親幫我訂製的嬰兒床，這是我幫克洛伊和未來孫子保留的東西，我不知道為什麼我會把嬰兒床從加拿大帶到美國、再帶來史瓦濟蘭？伊恩和我一起從倉庫裡搬出嬰兒床，潔米睡在裡面16天。

除了要克服潔米睡眠不足的問題，我們也希望她的傷口完全痊癒，體重能增加到六點六磅，她太瘦了。不過，當我們將這位小公主載到愛羅伊兒童之家，將她交給負責人時，她的皮膚已經痊癒。社工和警察試著找出潔米的母親，意圖殺死嬰兒的母親會被關進監獄，但始終找不到她。我們正式收養潔米，我去警察局和發現潔米的男人見面，感謝他的救命之恩，並給他看潔米數個月大的可愛照片。

送來這邊的寶寶有30幾個是在糞坑被發現的，有些掛在樹上的塑膠袋裡面，有些放在路旁或公車站牌旁，只包著尿布。

一開始，我們只接受12個月以下的嬰兒，後來開放到24個月。改變規定之前，對於嬰兒和員工的事務累積不少經驗，還有運作良好的系統、安排妥當的時程表，以及優

秀的領導指揮。

有一次，我接到一通電話，是關於一對8個月大的雙胞胎，他們的母親說要進城一趟，將兩個小孩送到阿姨家，放在門外，相信阿姨很快就會回來。在這裡，嬰兒很常被單獨留下、無人陪伴，那天是週五晚上，阿姨整個週末都沒有回家。週一回到家，才發現家門口有兩個又餓又脫水的嬰兒。她打電話報警，嬰兒被送到社福處，社福處通知我。我找了幾個人，開兩個多小時的車程到社福處，我抵達時看到的是兩個到處走動、講話、要食物吃的小孩。

他們不只8個月大，他們已經18個月了！我開玩笑的問社工這兩個小孩會講幾種語言，並直言我們無法接受他們，因為他們年紀太大。社福處央求我們帶走小孩，否則她不知道還有哪裡可以安置他們，警察也離開了，我很尷尬。我們是制定規則的人，當然也可以改變規則，但上帝會希望我們怎麼做呢？我和兒童之家的負責人到角落祈禱，期望上帝能為我們解答。

我們最後決定帶走小孩。從此，我們改變規定接受24個月大的小孩。一路上依舊艱辛，我們拒絕許多超過兩歲的小孩。制定政策並堅守原則很重要，這樣才可以繼續朝目標前進、計畫未來。

6個月大的小孩，我們會先送到專收6個月以內小孩的庫蘇拉區（Kuthula Place，史瓦語是「和平之地」），有早班和晚班的阿姨輪流照顧10個左右的寶寶。

當小孩6個月左右，他們開始認識愛羅伊兒童之家的環境。只要準備好，就搬到愛羅伊，和40名年紀6到18個月的孩子住在一起。愛羅伊的照護團隊全是女性，她們和孩子住在一起，輪晚班的人會幫寶寶換尿布和餵東西。所有小孩睡在一個大房間，有兩層嬰兒床，床是我們克芳薩木工手藝中心（Kufundza Carpentry Center，史瓦帝尼語是「學習」）做的。

當寶寶18到24個月左右，會開始認識雷伯克特斯威幼童之家（Labaketsiwe Toddler home，史瓦帝尼語是「上帝選民」）的環境。幾週後，就和那裡的幼童一起吃午餐，直到他們習慣環境才準備搬過去住。每間房間有10名幼童，他們睡在也是克芳薩中心客製的雙層床鋪。每個房間隔壁有一間員工房，住有兩到三位員工。

這三棟建築物是最低的建築群，所以我們稱之為下園區（Lower Campus）。幼童之家有40名幼童，他們長大後會搬到依梅瑟尼（Emseni，史瓦帝尼語是「恩典」）或中園區（Middle Campus），那裡住有3歲以上的孩子。我在寫這本書時，我們最大的孩子9歲，2020年12月7日就10歲了。依梅瑟尼有兩層樓，每個房間住10個孩子，隔壁是兩名員工住的房間，總共有40名孩子和8名員工。每一層樓有兩間房間，兩間房中間有客廳，讓20名小孩和4名員工有共同的空間看電視、玩遊戲、唱歌、祈禱、閱讀等，就像我們在家和小孩相處一樣。我們有廚師負責煮飯、清潔員工負責打掃、以及照護團隊提供小孩需要的愛和關

懷。

在下園區，有兩名員工負責洗90名嬰兒和幼童的衣服，每天有600件衣服、床單和毛巾！在中和上園區，員工在小孩上學時洗衣服，8歲以上的小孩要自己洗衣服，他們和阿姨叔叔一起打掃房子、摺衣服，就像我們在家和小孩相處一樣。他們要學習整理自己的東西、維持房子的整潔，要以自己居住的環境和所穿的衣服為榮，員工會幫孩子燙學校制服，直到孩子年紀大到可以自己燙。

我們在孩童的園區設有24小時的保全團隊。早晚班的警衛會在電子圍牆裡面巡邏，電子圍牆會在睡覺時間後啟動，每扇門和窗戶都有安全鎖條。你可能覺得有安全鎖條和電子圍籬就足夠抵擋壞人，不必再增設警衛，但我們的女性員工自身有創傷經驗，所以希望能夠提供手無寸鐵的小孩最好的保護，女性員工認為在這片無望的土地上，容易成為歹徒下手的目標。

我們員工和小孩的比例，在庫蘇拉區是3：1（每3個嬰兒會有1個24小時的照護成員），其他區域則是5：1，如包括廚師、清潔工、司機、管理人員和資深管理人員則接近3：1的比例。每個房子都有一個管理人員，還有一個資深管理人，負責監督員工，以及確保提供給小孩適當的愛、照護、藥物、生活原則和安全。我們有仔細的用藥流程，從愛滋病的雞尾酒療法、每日服用的抗過敏藥、到生病和流感的藥物，這些都交由有資格或受過訓練的員工負責。管理人員需要監督嬰兒或小孩服藥的過程，並在牆上

登記用藥記錄，所有藥品都放在房間上鎖的櫥櫃或冰箱裡，這些步驟對兒童之家的起步和經營很重要。

我們訂有不收24個月以上孩子的規定。2018年4月，我接到一位社工打來的電話，我們沒有太多合作的經驗，也很少接受社工那區的小孩。他詢問我們這邊是否能接受一對一歲和兩歲的姊妹，她們八個月前被母親拋棄，留下她們和父親住在一起。父親每次出去喝酒都會把兩姊妹鎖在家門外，晚上回家，讓兩姊妹自己從地上爬進家裡。鄰居已經通報當地的非營利組織，非營利組織再轉告社福處；當社福處人員前去調查時，小孩被鎖在外面，最小的女孩甚至沒辦法動。他們馬上將小孩送往公立醫院。醫生發現小孩瀕臨餓死的狀態，兩姊妹都嚴重營養不良，姊姊甚至有蛋白質缺乏症（Kwashiorkor），妹妹則感染嚴重的肺炎。她們倆都咳得很嚴重，懷疑她們得到致命且常見的肺結核。

我告訴社工，我們可以接受這兩個小孩，但請他們開2小時的車程送過來。幾個小時後，一輛卡車開過來，我們偷偷往裡面瞧，想要看看兩姊妹的模樣。

我們發現竟然是一男一女。社工明明告訴我們是姊妹啊！社工向我們道歉，因為精神狀況不穩的父親以為他有兩個一歲和兩歲的女兒，但男孩其實已經三歲了，他不會講話、也不會走路，大約18磅。女孩20個月大，但才13.4磅重，那是4個月大嬰兒的體型。雖然我們不接受兩歲以上的小孩，但覺得拒收男孩也不太對，更何況，我們盡可

能讓手足可以生活在一塊。我們再次打破自己的規則。18個月以後，兩個小孩完全康復，小小年紀的他們健康又快樂。

　　我們接受新寶寶時，最關切他們的健康和發展狀況，但心理和情緒健康也很重要，因為我們愛著來到世上的每個寶寶。扶養我長大的養父母，他們造就了現在的我，並不是每一個被收養的孩子都能像我一樣有這麼好的際遇。我的養父母在意與我的對話方式、並幫助我在家庭中找尋自我價值。同樣的，我也很在意在史瓦帝尼遇到的小孩，那是上帝透過社福處讓我們遇見彼此。

　　我父母很常說我是被上帝「選中」的小孩，我也這麼覺得。我知道我很特別，不僅只是因為上帝選中我成為威利斯家族的成員，我的父母伯尼斯和羅素・威利斯他們也選擇了我這個女兒。在成長過程，有時被嘲笑我是被收養的，但我堅信的告訴他們，是我的父母選擇我，你們的父母沒法選擇生出怎樣的小孩。

　　我們透過社福處接受的小孩，有單親的、有失去雙親的，有些是棄嬰、有些是貧窮的年輕媽媽無法負擔的小孩。我的生母生下我時才15歲，她根本無法照顧我，所幸有創立於1891年的加拿大安大略省「救助孩童組織」收留我，避免我被遺棄在廁所、森林、醫院或是教堂的台階上，藉由這個機會，我能擁有更好的未來，這是生母無法給我的。

　　我和生母見過面，我很感謝她將我送養，我告訴她我

的童年生活很棒。可惜的是，她從未告訴她老公、小孩或家人關於我的事情，所以直到今日，我仍舊是她心中的祕密，不過她很安心，因為知道我被一個很愛我的家庭選中。史瓦帝尼現在沒有當地或國際的收養系統支持，很多女孩也不知道可以找社福處幫忙，所以才有許多棄嬰的問題。

我認為：即便他們的親生父母棄養他們，天父卻始終沒有放棄他們，只是替他們選擇了不同的人生，不像一般史國人民生活在農莊、有父母、有兄弟姊妹，卻沒食物可吃，只受一點點教育。這些被選中的孩子沐浴在上帝的陽光下，可以成為老師、律師、照護工作者、醫生、工程師、技師、木工或是其他職業，他們是被選中的人。我們格外用心的確保這些孩子在信仰中找到自我價值。這些孩子聰明又有自信，他們不會認為自己是在迦南計畫長大的「可憐孤兒」，他們是獨一無二的小孩。

我並沒有傻到認為在他們成長的過程中不會遇到挑戰，但哪個家庭不會遇到挑戰？許多人建議如果這些小孩可以被外國家庭收養會更好，但到國外會比較好嗎？不是所有被收養的孩子都能在健全的家庭環境下成長，我收養的這群孩子可以被愛、被照顧、受教育，我希望這些小孩會成為這個王國未來的領導者，讓愛滋病和貧窮逐漸從這個國家消失。

085

第四章　貧窮：萬事皆難

開發中國家要打破貧窮的循環很難，即便在已開發國家也很常見。貧窮一旦開始，沒有外援很難改變。一個家庭沒有足夠收入，提供生活基本所需的食物、水、衣服和房子，每天要爲生活掙扎。沒有外在的援助，提供他們衛生、教育和醫療等資源，就無法打破貧窮的循環。無止盡的貧窮會使人喪失希望，甚至道德敗壞，最後靈魂也會枯萎、終而走向死亡。

　　史瓦帝尼是非常貧窮的國家，許多青壯年人口因爲愛滋病過世，情況越來越糟。根據統計，有70%的史瓦人民是自給自足的農夫，他們的食物來源是自己耕種的作物，大部分是玉蜀黍。他們種的玉蜀黍偏白色，放在陽光下曬乾，之後放在柵欄圍起的桶子裡陰乾。當玉米粒變硬，便將玉米粒剝下來，磨成粉後烹煮，玉米粉當地稱爲「pap」，這是歐洲殖民時傳來的食物，大部分的非洲國家有自己的稱呼。在西方最接近的食物是玉米粥（grits），但史瓦帝尼的pap口感較硬，也沒有加奶油、鹽巴和起司調味。他們會直接吃，通常用右手，將玉米糊弄成球狀，用三腳的鑄鐵鍋煮，史瓦人民晚餐很常只吃玉

米糊，如果晚餐後還有剩餘的玉米糊，第二天，他們會加一點水，將鍋壁的殘渣刮下來，很稀的玉米粥就能當早餐。

2016年，撒哈拉以南的非洲歷經史上最嚴重的旱季，許多河流乾枯見底，社區的鑽井沒辦法提供煮飯的用水，也沒辦法種玉蜀黍。兩年來沒有足夠的雨水滋潤土壤，所以也無法播種耕種，史瓦濟蘭全國陷入史無前例的危機當中。有人脫水死亡。就連王室成員和高級官員居住的姆巴巴內市（Mbabane），都停水三到四天，一週只開放用水一天，讓大家可以盥洗和煮飯。旱災對已經衰弱的經濟帶來更嚴重的打擊，我們感受到村民強烈的焦慮。2019年底，他們不確定會下多少雨，他們無法承擔借錢買種子，卻看到作物枯萎的風險，因此不種玉米。迦南計畫有45畝的玉蜀黍田，也因此沒有半點收成。

年輕女孩被迫用性行為替兄弟姊妹換取食物。雖然全國各地有免費的保險套，但許多男人還是不喜歡用，他們偏好「乾的性愛」，女人沒有塗任何潤滑液，這樣會有更大的摩擦感，卻也因此造成撕裂傷、流血，並增加性病和愛滋病的傳染。召妓在史瓦帝尼是違法的，我依舊知道許多女人會用性賺錢，以支付孩子的學費。但因為男人不喜歡使用保險套，女人容易懷孕。有趣的是，他們不認為這是召妓，只是一樁生意，雙方並不覺得羞恥，大家都默認那是生活的一部分。

性人口販賣在全球各地盛行，成為另一種謀財方式，

史瓦帝尼也不例外。我記得有天接到警察的電話，他收到內線消息，說有個女人把一個莫三比克女孩鎖在屋內當性奴隸，警察準備去突襲，把女孩救出來後，需要一個安全的地方。他問我能不能收留這個女孩，我提醒他我們經營的是棄嬰之家，而非性人口販賣的青少年。他很著急，因為國內沒有機構接受這樣的女孩，他懇求我幫忙。我和這位員警的交情很好，我們一起拯救過許多生命，如果可以，我當然想幫他。他向我承諾，女孩只會待六個月，因為法律規定她必須在六個月內被遣返回國。這個女孩後來待了兩年，又被同個人口販子綁架！然後在案子受審前，強迫她回莫三比克。沒有任何目擊者，法庭也無法審理。

　　我稱這個女人是人口販子，她在莫三比克接近女孩的家人，並答應會帶孩子到史瓦濟蘭上學，人口販子說她有一份好工作，可以讓女孩上學，於是父親同意讓她帶走女孩。沒想到，人口販子帶著女孩展開一場「冒險」，當她們到達莫三比克和史瓦濟蘭的邊界，沒有通過海關，而是偷偷摸摸穿越叢林，付了一筆非法的通關費。走不到一百碼，將女孩帶進一間破爛的酒吧，灌醉她，我不曉得女孩那天是否被強迫性交，但後來很快的來到曼齊尼（Manzini）的市中心。

　　這個15歲的女孩被迫和不認識的女人同住，她不會講史瓦語，只會說葡萄牙語。她沒辦法聯絡上父親，更別說回到莫三比克，她無處可去，驚恐無助。

　　後來，她得了愛滋病，沒有接受治療，還有嚴重的皮

膚病，甚至快要餓死。我記憶猶新，當她抵達迦南計畫的週三下午，我問她最近一次進食是什麼時候，她說是週日早上，那已經是四天前了。

負責處理人口販賣的警察隸屬於總理辦公室，我相信他們盡力幫助這位女孩，他們帶她去健康檢查，女孩哀求要回莫三比克找父親時，警察試著安撫她。直到警察開車到莫三比克找他，並跟他說女兒遭遇人口販賣的事情，她的父親依舊以為她在史瓦濟蘭上學。

直到遇見女孩的父親，警察才發現販賣女孩的女人是女孩的親生母親。由於女孩從小和父親住，不知道自己的生母是誰，所以她一直以為那個女人是家人認識的朋友。

當我聽到這個消息時，幾乎要被情緒淹沒，接著感到無比難過。一個女人是如何走投無路，竟然販賣自己年輕女兒從事性交易？這難道是那個女人認為可以脫離貧窮的唯一方法嗎？

警察將案子上呈後，母親被關進監獄，女孩需要待在國內接受法庭審理。那位母親付了大概一百美元的保釋金，出獄後回到她的店，在開庭審理前不受拘束。女孩則在迦南計畫住了一年，期間我每個月都會問警察開庭的日期，女孩因為沒有錢買東西，警察又限制她的自由，她覺得自己很像犯人。儘管我和我的員工都很愛她，她也很愛我們，她依然覺得自己被困住了，越來越憂鬱，我們也束手無策。

我終於拿到她父親的電話號碼，並讓女孩用我的手機

打電話給父親，每次只講一到兩分鐘，希望她聽見父親的
聲音，幫助她撐過這段時間。由於她是非法移民，我在得
到警方的同意後，付她工資，這大大改變了一切。我每個
月會幫她買甜食和自己的盥洗用品，她甚至還買了一台電
視。她的生活不僅變得開心，也讓她重拾幾年前失去的自
信和尊嚴。

又一年過去了，那個人口販子逮到機會威脅女孩不要
出庭作證，最終誘拐她進城，並將她帶回莫三比克。雖然
她可以回家和父親團聚，但她又病又脆弱，還懷孕了。當
她懷孕八個月大時，警察開車到莫三比克帶她回史瓦濟蘭
開庭。我坐在法庭好幾天，聽著女孩詳細描述被販運的過
程，她母親就坐在法庭的正對面，盯著她。休息期間，她
們都要離開法庭，並在走道上等待重新開庭。

我真的不知道她如何度過這場煎熬，原本以為她講完
會崩潰，尤其是她告訴法官，她母親會和她一起在同個房
間和男人性交，這樣她們就可以收更多錢，我聽到幾乎作
嘔。由於法庭沒有速記打字員，年邁的法官需要抄下每個
字句，因為女孩講話聲音很小，法官時常要求她重複講一
遍，使整個審理過程格外難受。

如同世界上許多相同的案例，她公開講述自己的遭
遇，經歷二次創傷。記者隔天刊登在報紙上，她的恐怖遭
遇攤在世人眼前。

她作證之後，法庭決定讓她先回莫三比克生小孩。數
個月後，她回來參與審理的第二部分，她母親否認指控，

並提出反證，審理過程只有一天，之後便杳無音信。一年後，我向警員詢問案情的進度，他說人口販子的律師拒絕代表她出席，除非她付律師費，於是法院讓人口販子出獄去賺律師費，但沒有說期限。相似的案件層出不窮。貧窮導致人們犯罪，貧窮製造更多無望，貧窮可以殺人。反之，就業能增加安全，帶來希望，讓人們掌握自己的命運。

因此迦南計畫的重點策略就是增加就業率，這也是貧窮計畫的核心，我們雇用了300名員工，隨著計畫擴大，持續開出職缺。根據官方統計，每一個就業的人是家中約13名成員的生活支柱。如果這項統計正確，我們便幫助了將近4,000人。

很多像我們這樣的團體會依賴外國志工，但我們有不同的哲學，我們想要教會當地人如何釣魚，而不是直接給他一條魚。生活困頓的人連製造財富的方法都不知道，這對他們來說遙不可及。然而如果他們願意工作，他們可以體會生活的成就、自尊、喜悅和希望。

目前迦南計畫最大的部門是庫特沙拉手藝坊（Khutsala Artisans），名稱源自史瓦語的「勤勞工作」。人們用玻璃珠串成美麗的手工藝品，我們的目標是從優良工法中傳遞希望，現在庫特沙拉手藝坊有超過一百名的員工，產品是我們達成永續發展目標中非常重要的收入。

2019年，庫特沙拉手藝坊的產品在美國、加拿大和農

場禮品店的銷售量，約占迦南計畫營運成本的30%。我們的策略是讓每個部門增加收入（庫特沙拉手藝坊），能支付水電和教育等營運成本。在史國農耕很難賺錢，但我們住在一個有人會餓死和普遍營養不良的貧窮國家，因此持續農場計畫非常重要。

出口手藝中心的產品，能讓我們早日實現永續發展的目標，我們常開玩笑說，串珠的聖誕樹吊飾不能吃，但可以幫助我們填飽小孩的肚子。

我是天生的銷售員，具行銷技術的天賦，我大學讀的是傳播學和媒體報導。當我在行銷迦南計畫的故事時，這些技巧能助我一臂之力。

2013年時，我想著還能賣什麼東西來增加收入，以減少我們對捐款的依賴。我想到可以做聖誕樹吊飾紀念品賣給訪客，人們喜歡去鎮上的手工藝品市集買紀念品分送給家人和朋友，那為什麼不買可以支持我們的東西呢？

我去過許多非洲的手工藝品市集，買過一個小天使，我拿給丹尼斯（Denis）看，他是幫忙開發迦南計畫的肯亞人之一，沒有什麼事能難倒他，他進城找到一些珠子和串線，並從農場找來一個男子。那名男子的父親會做史瓦濟蘭傳統的鞋子，他做了一個樣本，我們略修改讓整體看起來更棒。2013年10月，我將天使吊飾帶到美國展示，看看大家反應如何。

我決定上傳照片到臉書，詢問有沒有人願意花五十元美金買五個吊飾。短短數小時內，我們收到超過600個吊

飾的訂單！在史瓦濟蘭的伊恩，問我有幾個做好的吊飾，我說只有手上帶來美國這一個而已。他提醒，我在臉書上說會在聖誕節前將產品寄到美國，但他不知道我要怎麼找到製作的材料和人力，還要在兩個月內將產品送到美國。我根本沒想那麼多，訂單迅速成長到1,000份，到年底則有1,300份天使吊飾的訂單。

伊恩開啟生產線模式，尋找製作訂單需要的珠子和串線，丹尼斯負責人力部分，我一回家就開始訓練人手和製作產品。我們成功在短短幾週內，創造出總價1萬3,000美金的產品。

2014年4月，我聯絡購買天使吊飾的那些人，並和他們分享新推出的飾品，這已經成為我們年度的計畫。我們的團隊規模，從原本在戶外的野餐桌製作的數十人，擴張到超過一百人在室內工作，我們還有自己的運輸部門。

2018年，我們將20英呎的貨櫃運送到在美國租的倉庫，裡面裝有串珠動物、裝飾和聖誕節吊飾。我們現在可以將各式各樣的動物做成鑰匙圈或3D家飾，包括獅子、紅鶴、恐龍和獨角獸，我們還製作了芭蕾舞者、啦啦隊隊員造型的鑰匙圈，還有特別為加拿大蛋農組織設計的蛋型鑰匙圈。我們的團隊客製化許多商品給球隊、學校和其他團體，他們希望能透過這些商品募得資金。

我們還做了耶穌誕生和諾亞方舟的系列產品，四個工匠花了48小時，使用192碼長的串線和56,620顆玻璃珠，才能做出一組產品。

　　第一年，庫特沙拉手藝坊的產品就賣出65萬美金，我們用這些利潤來支持小孩人數不斷增加的開銷，大部分的買家不再需要那麼多玻璃珠裝飾，這使我們意識到需要開始開發新商機，並和需要募款的團體合作。

　　提供我們嗎哪包的「供餐飢餓孩童」組織，依舊是我們最大的客戶，並在他們美國分裝食物的地點販售我們的產品。如此一來形成一個完整的循環，我們在庫特沙拉製作產品，並將產品賣給分裝食物的志工，下一批志工會將分裝好的餐點送到70幾個接受他們食物援助的國家，包括迦南計畫。

　　平衡供需非常困難，生產過程中，在約翰尼斯堡供應我們珠子、做項鍊和耳環的扣環的材料供應商關閉了，這對我們的打擊很大。

　　我開始禱告該去哪裡尋找材料，請上帝指引解決的方法，同時，我寄信給我在臺灣的朋友孫金泉（Patrick Sun），他是一個很成功的生意人，在中國經營工廠。我坐在製作產品的桌上，快速打好信件。不到10分鐘，我收到回覆，他很興奮的告訴我，他在中國的義烏市有堪稱世界最大的珠子和材料製造工廠，他叫我將我們所需的東西拍照寄給他看，他的團隊會馬上幫我生產。不到24小時，我們不但找到替代的供應商，孫金泉先生還算我們工廠價來支持我們。雖然材料從中國運來需要時間，但我們可以做好規劃，迅速增加我們的銷售量。同年，我們收到第一批運來的材料，有六噸各式各樣色彩和大小的玻璃珠，庫

特沙拉手藝坊開始忙碌起來。

　　大部分的項鍊、手環和耳環是採用本地的陶珠，我們很樂意能和雇用農村婦女的公司合作。他們做的珠子很美麗，員工也很和善，鼓勵女性就業這點更值得稱讚。不過，產品品質卻不如他們的珠子或員工的個性，我們無法準時取貨，這樣會影響客戶對我們的信任，因此我們需要做一些調整。我們無法自己生產陶珠，但可以找到方法。

　　有一天，在乾旱期間，我們一群人，包括長期志工兼朋友傑瑞和珍妮·史考特（Jere and Janet Scott），站在一號水庫乾涸龜裂的地面上，祈禱降雨。祈禱結束，稍微歪著頭，彎下腰撿起一塊乾土，看著我們說：「你們看，這些土可以用來做陶珠。」

　　傑瑞和珍妮·史考特是文藝復興先生和太太，沒有什麼事會難倒他們！他們不僅從南非訂製了一個窯，還開始訓練一些工匠如何把史瓦濟蘭的土變成陶珠，在窯內經過華氏1,940度高溫燒製9小時後，就可以人工上釉，接著再放入窯內燒製一遍。燒成的珠子很美，我們叫它史瓦特色珠（SwaziMUD beads），每個好產品都需要品牌名稱，我覺得這個名稱很棒。

　　諸事不順、或龐大的計畫迫在眉睫時，我會做兩件事：去幼童之家，專心照顧40名兩歲大的寶寶，再次感受生命的喜悅和祝福；或是去庫特沙拉手藝坊，動腦刺激創意，設計新產品，那邊有冷氣，可以抵擋外面華氏100度（約攝氏38度）的高溫。

　　當我坐在辦公室時，常聽見微微的敲門聲，問我能不能私下和我聊聊。我雖然會答應，但有點猶豫。不是我不在乎，而是因為我知道會聽到很難過的故事，卻幫不上什麼忙。老實說，來找我的人不是想要尋求方法，他們只是想要有人傾聽、或是陪伴他們哭泣。來找我的有滿臉瘀青的女人，戴著太陽眼鏡掩飾被家暴的浮腫雙眼。也有年輕男子因為祖母過世，叔叔們決定住進屋子，他們因此被趕出家門。

　　我坐著聽一位懷孕的女人告訴我，她懷了另外一個男人的孩子，但她無法將這個小孩帶進家裡。帶著一個六歲大的女兒，她被死去丈夫的家人趕出家門。通常這只是讓家裡少一張嘴吃飯的藉口。雖然這個女人是家裡唯一的經濟來源，夫家的人卻不在乎。

　　有一天，有位年輕女人進來告訴我她懷孕了，孩子的爸爸已婚，但她依然愛著他，想把孩子生下來。我無法給她什麼建議，但我很慶幸她願意告訴我，因為她就住在迦南計畫裡。幾天後，有人告訴我，那個女人肚子很痛，送去公立醫院後流產，她失去了那個寶寶。醫院沒有允許她住院，讓她穿上外出服，送她回家。傍晚過後，她才回到迦南。

　　過了一個小時左右，她傳給我一條訊息，問我說她要怎麼處理他？「誰呀？」我問道，她的答案讓我震驚不已。當她離開醫院，醫院員工要求她帶走寶寶的軀體，寶寶先被裝在一個塑膠袋，再裝進一個空的乳膠手套盒子裡

面。她就這樣拿著盒子搭公車回來，再走數哩路回到迦南計畫。

　　我馬上開車去看她，當我抵達時，她坐在床上，拿著用衣服蓋著的盒子。對史瓦人而言，葬在自己的家園很重要，他們相信，這樣到「另一個世界」，才能和自己的祖先團聚。這個年輕女人是孤兒，她無家可歸，所以也不知道這個未出世的寶寶要安葬在哪裡。我問她想不想把寶寶安葬在迦南計畫的墓地，她同意。當我起身擁抱她，並準備離開時，她問我是否能將盒子帶走。我沒同意，但她焦慮不安的說這樣她會睡不著，所以我還是帶走盒子。

　　之後，我們為這個沒有機會認識世界的孩子舉辦了莊嚴的葬禮，寶寶不需要和他的母親一樣，承受貧窮帶來的苦難。我們將他葬在索羅門墓地（Solomon Emathuna），這個墓地是以我們第一個因為愛滋病過世的寶寶命名。不久，她離開我們，我不確定她能否在未來遇見的男人身上找到慰藉，不再受痛苦折磨，但是，貧窮仍然會如影隨形籠罩著她。

第五章　教育：改變世界最重要的武器

這位曾祖母（Old Khokho）很感謝我願意接受她的曾孫女，那是她15歲孫女被家人強暴後生下的小孩。家裡沒有食物，曾祖母還要照顧一大堆小孩，她不會閱讀也不會寫字，沒辦法在社工報告上面簽名，於是她在社工所指的欄位上蓋下指印，代表她願意將小孩送走。她熱淚盈眶的看著我說：「Siyabonga」（史瓦語「謝謝」）。我問社工，曾祖母是不是很難過要把小孩送走，她立刻說不是。曾祖母很開心小孩獲得拯救，她不需要再埋葬另一個孩子，那是喜悅的淚水。

我遇過多次社工的印泥乾掉了。於是我學會帶墨筆，塗在老婦人的拇指，這樣就可以在文件上蓋印！

我在學校學到解決問題的能力，我無法想像沒有教育的人生是什麼樣子。在加拿大，我四歲時開始上幼稚園，一直到13年級（現在沒有這個年級了）。家人從沒討論我要不要上大學，他們期待我上大學，我也去讀了。

我將接受教育視爲理所當然，並將成績維持在父母不用操心的範圍。我喜歡讀書、寫故事，擅長演講。數學和自然不是我的強項，即便如此，我還是通過13年級的考

試。必要的話，我也可以解釋光合作用是什麼。

　　在許多非洲國家，包括史瓦帝尼，教育不是免費的。如果父母繳不出學費，他們的小孩就無法上學。如果預算有限，他們會選擇讓男孩去上學，因為大家認為男生比女生聰明。愛滋病消滅勞動人口和付得起學費的族群，政府在2009年開始設立一年級的義務教育，每年增加一個年級，直到7年級。高中8年級開始，必須付學費上課。

　　有幾件事情使當地的孩童上學更為困難。首先，即便國中小免學費，學生還是要買制服和黑色鞋子，添購衣物成為許多小孩的負擔，他們大多失去父母，同住的祖父母還要扶養其他孩子。第二個問題更加嚴重，就是註冊入學需要出生證明。不幸的是，被強暴、亂倫或父親不承認關係而生下的小孩，根本無法拿到出生證明。

　　在北美洲，小孩在離開醫院前就可以拿到出生證明。在史瓦帝尼，如果父母一方沒有申請，就無法得到出生證明。根據聯合國規定，這樣違反基本人權，如果國家發生戰爭或被占領，這些沒有出生證明的小孩就會成為無國籍的人，無法享有任何權利。

　　聯合國和非洲聯盟已經警告史瓦帝尼多年。副總理辦公室和內政部已經試著共同處理這個問題，但內閣對《兒童權利公約》（CRC）和1983年《出生婚姻和死亡法案》（BMD）有爭議，所以問題始終沒有解決。

　　我最近從副總理辦公室收到解釋這個問題的文件：

　　「憲法規定，以及史瓦帝尼的文化，兒童在出生後應

立即登記、被賦予姓名、獲得國籍且避免無國籍狀態，避免父母或監護人照料的權利受到嚴重損害。根據《兒童權利公約》，兒童出生後必須立即註冊。2012年的《兒童保護和福利法》（CPWA）要求兒童在出生後3個月內進行註冊。確實提供失親和脆弱無依的幼童（OVC）註冊服務，並賦予中央統計局（CSO）收集、分析和保留失親和脆弱無依幼童的登記狀態，卻沒有明確的法律程序。1983年的《出生婚姻和死亡法案》也沒有註冊的相關規定。」

　　史瓦濟蘭有一半的小孩無法上學，因爲他們無法負擔昂貴的學費、也付不起制服和鞋子的費用。讓我爲他們感到惋惜，無法讀書寫字的人口如此龐大，讓我驚恐。

　　尼爾森‧曼德拉（Nelson Mandela）曾說：「教育是改變世界最有力的武器。」我們同意這句話，沒有長遠的規劃，人民會死亡，但如果人民無法閱讀或了解這個規劃，他們還是會死。教育對我們來說非常重要，而「HOPE」的「E」代表教育，這對王國和世界的未來很關鍵。我們不僅設置學校，也支持成人的教育計畫，稱作「Sebenta」，教導成人基礎的閱讀、寫字、數學和一些批判思考，我們還讓三百多名迦南計畫員工，參加雙週的午餐學習課程，稱作「Lehora leKufundza」，史瓦語的意思是「知識即力量」。

　　2014年，我們成立「迦南計畫學院」（Project Canaan Academy），我們最大的孩子三歲就接受學前教育。學院的校長是安柏‧凡溫克（Amber VanWinkle），她是來自

美國的長期志工，和丈夫肯尼（Kenny）晚我們一年搬到史瓦帝尼。她替我們的孩子創造優秀的教育環境，這是她畢生的志業。

「迦南計畫學院」是以基督信仰爲主的學習環境，從學前教育到12年級，經由特殊設計，希望開發孩子的智力、社交、情緒、體能和靈性的潛能，期望他們未來能領導史瓦帝尼。我們重視哈佛·嘉德納（Howard Gardner）的多元智能理論（Multiple Intelligences Theory），學校採用實務經驗的學習，同時也讓孩子練習研究導向的學習。多元智能理論讓我們了解孩子學習的方式，同時強調他們多元的能力，並用不同的形式來評估學習效果，孩子能夠成爲聰明、有社交能力、富有感情以及充滿靈性的人。

我們需要確保和支持孩子每個面向的發展，我們致力於培養解決問題和具有領導力的人才，他們能替史瓦帝尼、非洲和世界帶來正面的影響。「迦南計畫學院」吸引史瓦帝尼和全世界的訪客前來學習。不像國內其他的教育機構，我們學校的每位老師和員工都參與且開創充滿創造力的教學計畫。這樣的學校難道無法改變一個國家的未來嗎？

我們只接受兩歲以前的小孩，這有助於我們學校的規劃，我們每年「只需要」籌募蓋一間教室的錢。2018年，才和迦南計畫學院開會討論，到2019年我們已經有40個幼稚園學生。這在普通學校算是小班，但對我們而言，這樣數量的學生很難接受最好的教育，因爲有許多孩子發展比

較慢，他們需要額外協助。

　　因此，開會決定從2020年的一年級開始，每個年級需要兩間教室，並逐年增加。至於年紀較大的學生，每間教室的人數比較少，因為他們是早期從社福處接受過來的孩子。了解需求後，我們可以規劃長期的募款方案，鼓勵人們投資孩子教育的未來，循序漸進的展開計畫。事實上，我們到2024年才需要九年級的教室，2029年才會有第一批高中畢業班。

　　做好長期規劃有助於下個世代的投資，許多西方人在小孩出生時，就會開始想要去哪裡讀幼稚園，小孩上一年級時，就會開始討論大學方向，以對大學目標達成共識。許多受過教育的人會規劃好未來，但如果出生在貧窮的環境，每天都要煩惱如何解決下一餐，根本不可能有時間思考未來。迦南計畫學院不僅是住在迦南計畫裡面小孩的教育場所，也提供當地小孩優良的私立學習資源，他們的學費可補貼學校營運的成本，降低我們募款的需求。

　　我們希望學校也能夠自給自足，我真心相信我們有全非洲大陸最好的學校系統，我們的學生表現很好，特殊教育老師需要照顧許多有特殊需求的學生，但我們很訝異的發現，這些學生很快就能跟上其他人的進度，不用再接受特殊輔導。還有孩童之家的員工，他們和孩子一起努力、開發無窮的潛力。我認為，無論史瓦人自己有沒有受教育，他們都知道教育很重要。由於我們的員工都是當地人，他們也想幫助孩子接受他們自己從未接受過的教育，

營造良好的學習氛圍。

　　有些孩子在學習上仍然受挫，我在本章開頭提到的小孩賽貝（Sebe），她在學習上就比較慢，當我第一次看見她時，才23個月大，就已頻繁進出醫院。幾個月大時，就因扭轉性外力造成的骨折住院。賽貝住在很鄉下的地方，她被帶到公立醫院，手術、休養和物理治療。她被打上石膏，提供止痛藥布洛芬，就讓她回家了。但是，這一邊骨折痊癒了，另一邊又骨折了，這樣進出醫院、打石膏的循環持續了將近兩年。社工每次都問年輕媽媽小孩送醫的原因，她總是說小孩自己跌倒摔斷了手。社工也無法深入了解個案家暴的情形，在史瓦語中，有一句話叫「tibi tendlu」，意思是「家醜不可外揚」，賽貝只是許多案例的其中一例。

　　2015年9月，這個小孩因為股骨和脛骨斷掉而住院，醫院拒絕幫她動手術，除非確認她術後能夠待在安全的地方。他們知道這個小孩連續遭受家暴，因此必須阻止事情惡化。我開車去醫院了解狀況，並和社工討論。當時，我沒有太多處理緊急狀態的經驗（不幸的是，現在我經驗豐富）。我當天並不想將小孩帶走，只想討論可以幫上什麼忙。

　　當我抵達醫院時，我看見即將滿兩歲，面容憔悴的小孩，和失魂落魄的年輕母親，她無法應付眼前的狀況，表現得一副好似她不在現場。繃帶綁住賽貝的腿，當下一定很痛，卻沒有表現出來，她已經習慣痛的感覺，也知道大

哭大鬧只會讓自己更痛，只好默默忍受。

　　我對眼前的景象很震驚，醫生、護理師和社工都拜託我幫忙，他們手上有X光影像，想要我馬上將小孩帶走。我問，「要帶她去哪裡？」她膝蓋上方和下方有兩處斷掉的地方，到底怎麼弄傷的？她家人堅持說，被石頭夾住而受傷。但骨科醫生告訴我石頭夾到不可能傷成這樣。

　　我同意將小孩留在我身邊，我請人打電話給城裡的骨科醫生（距離3個小時的車程），並問他今天是否能過來，他答應了。我不想在還沒有得到法院同意前，讓小孩動手術，以免手術中發生意外，因此我還需要找到一個可靠且有同情心的地方法官。之後我帶著社工的文件（上面有曾祖母的指印），開了45分鐘的車程去找法官。

　　我向法官解釋事情的來龍去脈，包括X光影像、骨折處，地方法官親筆寫下法院指令，小孩被安置在「愛羅伊之家」。然後他告訴我，他的祕書退休了，現在沒有人幫他打字，我在辦公室角落看到一台老舊的Windows電腦（我是蘋果粉），問他我能否幫忙打字，他同意。我邊聽法官念出他的法院指令，邊站著打字。當我想把文件印出來時，法官卻說印表機壞掉了。我從皮包裡拿出隨身碟，將檔案複製進去，去外面找到影印店，印了兩份文件，再拿回去給法官簽名和蓋章。這才終於完成！

　　近傍晚（行程早上就開始了），正常情況下，我絕對不會載那個媽媽，但當下沒有其他人可以幫忙，只有讓她和賽貝一起坐在後座。我打電話到迦南計畫，請孩童區的

員工準備長期住院需要的東西，並請我的朋友兼長期志工克里斯・奇克（Christ Cheek）在路邊等我。90分鐘後，我載著另外兩位女士和一箱物資，前往醫院。

一個小時後，我們到達醫院，醫生看著X光影像，他告訴我們她手臂哪裡骨折，而且多處都斷掉過。這個閱歷無數的醫生對於一個不到兩歲女孩遭遇的家暴，感到非常驚訝、也很心痛。我之後得知這些傷是賽貝的祖父造成的，但真相很難釐清、也充滿疑點，為什麼會有一個人不斷傷害小孩呢？這個問題可能有許多答案，但我相信有一部分原因是缺乏教育。

賽貝的手術很成功，幾天後她就回到迦南計畫，她暫住在克洛伊的房間幾週，以便我們檢查她腿部是否消腫了。她腿上沒有打上石膏，我們不想把她送去幼童之家，那裡有40名2歲的小孩會對這位新來的女孩興奮又好奇。一天中，會有一群女孩來看她好幾次，帶來甜食，陪她玩遊戲和唱歌。賽貝的腿打上石膏後，我們讓她住進幼童之家，好長一段時間後，她才露出微笑，更久之後，她的恐懼才逐漸消失。

賽貝逐漸從傷痛中恢復，變得活潑又美麗。不過，她腿上長長的疤痕和變形的手臂將會跟隨她一輩子，我們很希望她能夠真正從傷痛中走出來。賽貝開始上學後，我們才看到過去傷痛對她的影響，她很容易焦慮，不知所措時會裝睡，整天都想討抱抱，特殊教育的老師和員工會特別照顧她。我很肯定上帝對這個小女孩有特殊安排。

　　當小孩接受良好的教育時，相信大人也能擁有更進一步的受教機會。我們和政府贊助的成人教育計畫「Sebenta」（史瓦帝尼語的「我們工作」）合作，這個計畫為期三年，每週上課六小時，由迦南計畫的志工上課，學生會學習字母和基本閱讀，也會學習數字、簡單的加減，以及一些批判性思考的技巧。這些對我們而言可能很簡單的題目，對學習者來說挑戰可不小。以下是部分2019年的期末考試題：

一、我有85隻羊，哥哥有157隻羊，請問我們總共有幾隻羊？
二、Siphiwo拿200元史鎝去買書，書價如下，請問她最後會拿到多少零錢？
　《基礎英文單元一》　18元
　《基礎英文單元二》　20元
　《計算練習一》　　　25元
三、列出兩種瘧疾的症狀。
四、你覺得「pass away」代表什麼意思？

　　我們教育計畫另一項目標是技職訓練，不僅增進當地人的就業，還要幫助無法接受高等教育的孩子，接受良好的技職訓練，成為國內最棒的技師、木匠和機械檢修員，這些行業在開發中國家非常重要。
　　我們全力發展的第一項產業是木工。傑瑞・史考特幫

我們蓋克芳薩木工手藝中心，我們的目標是希望中心內的男女都能拿到證照，後來他們能夠製作嬰兒床、雙層床、衣櫥、小孩遊戲區、書桌、野餐桌和每棟建築內需要的櫥櫃，他們還學會操作車床、使用廢棄木材製作非洲藝術品，並做出令人讚嘆的起司板販賣。

我們有自己的建築團隊，過去十年來蓋了超過七十間房屋。團隊裡面有電工、水管工人、焊工和石匠，還有跟著邊學邊做的學徒。技師的職業訓練包含幫小型車輛換輪胎、修理JCB挖土機、更換Bobcat挖土機的零件、維護和保養推土機等。技師工作室很忙碌，卻也是維持農場和計畫運作的關鍵。

除了上述這些教育訓練，我們也會教育員工關於衛生和社會方面的議題，這是每個人每天都會遇到的問題，我們的計畫叫「Lehora leKufundza」。每週五，我們會邀請一位專家來演講，講者會花時間到不同部門訪視。健康議題包含愛滋病、肺結核、性病、節育、家庭計畫和衛生等，社會議題則包含保護孩童、家暴、暴力犯罪、兒童權利以及白化症的迷思。

迦南計畫的300多名員工都要聽演講，我們鼓勵他們發問。這個過程會讓有些人意見分歧，但也有些人能因此得到啟發。但能夠讓光灑進黑暗中，釐清文化差異造成的誤會。

在許多非洲國家，有許多人患有白化症。我們的員工在接受教育演講之前，都相信：白化症病人是動物，不是

人類。他們認為白化症病人不會死亡，只是消失了，更糟糕的是，他們認為白化症寶寶是很強大的生物，巫醫可以將之用來做成「muti」，讓食用的人身強體壯、增長智慧。許多人相信白化症寶寶擁有強大的力量，因此時常被偷偷抱走，巫醫會犧牲他們做成「muti」。

　　史瓦帝尼不是唯一有此信仰的非洲國家。在坦尚尼亞，他們會割斷小孩的四肢和私密部位，和「muti」混在一起。如果小孩及時得到醫療救助，還能存活下來。隔壁的莫三比克，他們只用白化症寶寶的頭，其他身體部位會被丟棄。但在史瓦帝尼，他們要白化症嬰兒整個人，因此也最危險。

　　幾年前，我在復活節前的週六接到社工打來的緊急電話，她說兩輛有南非車牌的車子開進一個偏僻的莊園，車上的男子走向人家門口，裡面的女孩跟他們打招呼，他們要求女孩交出那個「動物」，一開始她聽不懂他們在說什麼，於是他們就直接告訴她，他們要帶走正躺在屋內熟睡的白化症嬰兒。但她冷靜的告訴那群人，他們找錯了，要再繼續往前開幾公里。之後，女孩就抱著寶寶跑到警察局求救，警察和社工察覺社區中有人告訴買家，所以他們才能找到白化症嬰兒。據說在選舉期間，一個白化症寶寶在史瓦帝尼可以賣到五千美金！

　　打下這段文字的過程很痛苦，我知道你們閱讀的時候也會很煎熬，但更重要的是讓你們知道，我們每天在史瓦帝尼面對的人事物。學習閱讀和寫字固然重要，但了解有

些文化觀念是錯誤和邪惡的，同樣重要。

　　爲了讓大家更了解白化症，我們邀請史瓦帝尼白化症協會的主任來演講，她叫史都琪（Stukie），是一個非常棒的人。她也是白化症患者，充滿自信的回答任何問題、消除大家對白化症的疑慮，並向大家證實白化症患者也會死亡，她親身參與許多病友的喪禮。她的回答遭到許多質疑，因爲和大家一輩子相信的觀念都不一樣。這只是起步，明年我們還會再邀請她過來演講。

　　曼德拉曾寫道：「教育帶來的力量，比創造繁榮經濟的影響更無遠弗屆。教育可以組織國家與促進和解，我們以前的系統強調了南非人在身體和其他方面的差異，卻造成毀滅性的後果。此刻，我們漸進式引入教育系統，使我們的孩子能夠發揮潛能、達成目標，同時懂得欣賞多樣性的好處。」

第六章　身分認同的重要

人們好奇我是否會告訴孩子他們的身世，在書中，我不會提到孩子的真實姓名以保護他們的隱私，如果到了適合的年紀，我們會告訴他們，上帝派天使來保護他們，並且讓他們重生。

我們最近接受了一個寶寶，他媽媽勒死自己四歲的小孩，並把寶寶丟在茅坑。警方在數月後的調查發現小孩的屍骨，為什麼小孩會死掉、但寶寶活了下來呢？為什麼寶寶獲救、但小孩沒有？我們不知道。

約瑟（Joseph）在聖經的故事流傳至今，大家應該不陌生：他被親生兄弟丟棄在枯井裡面，又被同一群兄弟賣給別人當奴隸，後來又被自己的主人陷害入獄。他被關在牢裡好幾年，最後獲救，成為掌管法老財富和協助處理事務的人，約瑟後來拯救了自己的父親和曾經想殺死他的兄弟，他拯救了一個國家的人民。

我在想約瑟是否有一個守護天使，鼓勵他、為他祈禱、幫助他在人生中選擇喜悅而非憤怒，枯井、奴役和監獄對他生命造成很大的影響，但約瑟最終回歸療癒和原諒。如果約瑟以憤怒和復仇的心態面對這些情況，他的人

生會完全不同，他的故事也不會流傳至今。

我們讓來到迦南計畫的孩子知道，他們是上帝選中的幸運兒、要為黑暗世界帶來希望和光明，上帝選擇他們到這個安全的地方成長和學習，並準備改變這個國家和世界。因此，我認為過去不該成為他們的標籤，而是要在基督信仰中找到身分認同，如此才能在生命中真正擁抱上帝的感召。

我們特別設計幾件事情，從小孩抵達迦南計畫開始，協助他們建立個人的身分認同。首先，是他們的史瓦名字，當我們接到小孩時，他們都有醫院的健康卡，上面幾乎都有一個名字，無論是父母、祖父母、警察或護理師取的。我們會保留那個名字，並盡早幫他們取和史瓦名字相近的英文名字，或是和小孩故事有關的名字。

舉例來說，Nkosikhona意思是「上帝與我們同在」，所以我們選擇英文名字Emmanuel。第一個抵達迦南計畫的小孩名為Melokuhle，由於他是第一位進入「迦南，應許之地」的小孩，所以我們替他選擇英文名字Joshua（約書亞）；在聖經中，約書亞跟隨摩西（Moses）在沙漠中走了40天，是第一位進入迦南之地的人。

我們的約書亞總是很驕傲的向新來的訪客說，他是第一位到的小孩，這是他自我認同很重要的一部分。蘿絲（Rose）和加百列（Gabriel）則以身為年紀最大的小孩為傲，他們抵達時不是新生兒，也時常享有類似第一個小孩擁有的特權。我們的小孩在上一年級前共享衣服，小孩一

定會有自己喜愛的衣服，即便只有兩歲大，他們會把衣服穿到破爛。但他們上了一年級，就會有自己的衣服，只有自己才能穿。這有助形塑他們的自我認同，因為他們可以選擇自己想穿什麼衣服、個人風格以及他們想要如何呈現自己。有趣的是，有些女生只會穿裙子或是選擇粉紅色系的衣服，有些男生只穿T-shirt或是有鈕扣的襯衫。

在非洲不流行過生日，因為沒有記錄出生日期。如果你問一個老婦人她什麼時候出生的，她可能會告訴你是有颳大風的那一年，或告訴你一個大概的年紀，大部分的人不知道自己出生的日期。我為合作教堂供餐服務的小孩進行健康檢查時，許多孩子也不知道自己的生日或年紀。

我們認為慶生很重要，因為有助於建立孩子的自信和尋找自我認同。迦南計畫中的阿姨和叔叔會幫每位壽星換上全新的衣服和鞋子、整理漂亮的髮型，每位小孩都會有自己的生日蛋糕，和同房的40個小孩一起分享。小孩三歲時才會給他們生日禮物，第一個禮物是大隻的填充動物娃娃，讓他們可以開心的放在床邊，每個年紀的生日都有預定好的禮物。四歲的生日禮物是書包，因為他們要上學了，每個書包都是獨一無二的。五歲的生日禮物是手工的被單，有些是加拿大的新斯科舍省（Nova Scotia）或美國喬治亞州的朋友寄來的，每張被單都有自己的特色，這個年紀的小孩要開始自己整理床鋪，讓自己的床看起來很棒。我們希望他們能夠珍惜擁有的東西，並感到驕傲。

六歲的生日禮物很特別，因為那是一個體驗，不是實

體禮物。他們生日那天會得到許可，可以搭車去看獅子、大象、長頸鹿和其他非洲動物。我們通常會等短期志工來拜訪期間，讓小孩和他們一起去，體驗好玩的行程。七歲的生日禮物是一本聖經和巧克力棒，八歲的生日禮物是一本筆記本和裝滿糖果的水壺，看他們要不要與他人分享。九歲的生日禮物是特殊的男孩或女孩宗教禮拜，以及一些可以分享的糖果。

小時候，我在北安大略小屋的門後面有一把測量尺。每年夏天，我和表兄弟姊妹會排隊量身高，知道那年長了多高，每個人會發出連連驚嘆聲，那是很有趣的年度家庭活動以及成年儀式。當我們成立依梅瑟尼（Emseni）園區時，我想要開始幫孩子量身高，但無法想出不會讓牆壁一團亂的方法。當時孩子都還很小，有天我終於告訴伊恩這個煩惱，我們要如何幫這麼多小孩量身高，卻不會把牆壁弄髒？伊恩想了想，他建議我們蓋一個boma，那是一種用許多竿子蓋成的非洲圍籬。每個小孩可以選擇自己的竿子，將量到的身高寫上去，每年測量他們長高多少，這個主意很棒。

現在，在依梅瑟尼園區的小孩（大多是三歲以上）可以選一根自己的竿子，每年生日可以量一次身高，而每位壽星可以選擇一位好朋友觀賞測量儀式，他們能坐在特別的榮譽座位上，還可吃到較大片的蛋糕。看到他們選擇誰觀賞測量儀式很有趣，有些是從小一起長大的好朋友，有時候是員工有時候是親生的兄弟姊妹。他們都會出席彼此

的生日，不管他們住在哪一個園區，我們希望親生兄弟姊妹的關係越緊密越好。

我們特別使用雲端的Dropbox和實體的記憶寶盒，替孩子保存個人歷史，運作過程是：當有新的孩子到達時，我們會將他的名字、出生日期、和小孩生命中所有的個人細節寄信到美國的辦公室，包括是否感染愛滋病、病史和家庭關係。這些資訊永遠不會公開，但若小孩想要知道更多關於自己的人生細節，這些保存的資訊非常重要。

美國的辦公室一拿到資訊，便會以小孩的名字建立一個Dropbox資料夾，裡面附有兩個放文件和照片的資料夾。放文件的資料夾用來放正式文件的電子檔，包括健康資訊卡、社福處報告、法院命令、旅行文件等。放照片的資料夾裡面也有次資料夾，每年都會新開一個。如果小孩在2014年抵達的話，會有一個以「2014」為名的檔案，小孩所有的照片會被放在裡面。隔一年會開一個新資料夾，我們每年盡力幫每位小孩拍兩張照片，在聖誕節和年中的時候，還有生日的照片。這樣一來，我們便可以看到每個孩子的成長，當他們18歲時，還可以幫他們洗一本相簿。這樣組織的系統有另一個好處，不需要依賴我或其他人記得他們人生的細節，大家庭就是需要一個龐大卻簡單的組織系統。

在史瓦帝尼，每個新來的寶寶都會有一個記憶寶盒，我們會馬上清洗任何和寶寶一起送來的物品，放進寶盒裡面，如毛毯、衣服、帽子等。即便是我們帶到醫院給寶寶

的衣服，我們也會將衣服洗乾淨放進記憶寶盒。孩子上學前，寶盒裡面不會有太多東西，我們會特別將孩子在學校做的藝術品放進寶盒裡，這項工程很耗時，但也代表我們滿滿的愛。我知道史賓賽和克洛伊喜歡看老照片、嬰兒時期穿的衣服或童年的物件，這有助探索個人生命和自我認同，例如嬰兒時期穿的衣服能夠解答「我從哪裡來？」這個問題。

寶寶新到的第一個週日，我們會到教堂舉行奉獻禮。我和伊恩分別為孩子的媽媽和爸爸，站在教堂前面，讓其他年紀較大的孩子看見寶寶，並一起歡迎他。我時常會提醒他們也曾經和寶寶一樣小，我會點名一到兩位小孩，告訴他們也曾經又小又可愛，大家聽到會發出一陣笑聲。若我特別點名阿姨、叔叔或伊恩，想到伊恩曾經也是小寶寶會引起哄堂大笑。

我們為寶寶祈禱時，我們會強調小孩是被特別選中成為我們家庭的成員，上帝將他們帶來迦南計畫，是因為有很重要的使命。年紀較大的孩子走出教堂時，會有點困惑他們是從哪裡來的、以及誰帶他們來迦南計畫？他們還小的時候，我們會用像是「社福處帶你們過來的」這樣的答案，我們也可能說：「等你大一點，再告訴你。」每個小孩到適當的年紀，便會打開記憶寶盒。我們不需要操之過急，船到橋頭自然直。

部分的自我認同來自了解「我從哪裡來的」，回答這個問題一定會碰觸到性這個議題。這是我在教養史賓賽和

克洛伊時，覺得自己沒有做好的地方，所以我決定對這幾百個小孩採取不同的做法。談論這個話題的時機和方式令人傷腦筋，在大部分的文化中，大人不想和小孩子談論性這件事，因爲會讓我們感到有點詭異、甚至尷尬。

有一天，負責孩子接受雞尾酒療法的資深管理人員告訴我，小兒科愛滋病診所（Baylor Pediatric AIDS clinic）的貝勒（Baylor）醫生告訴她，我們需要在小孩到適當年紀的時候，告知他們體內有陽性愛滋病毒。她的反應和我一樣驚訝，爲什麼？我們不能這麼做。醫生向我們解釋，許多愛滋病毒帶原的青少年到一定的年紀，會停止接受雞尾酒療法，一旦停藥，病毒會開始攻擊身體，最後導致死亡。

貝勒每天都爲那些不想吃藥的青少年和小孩煩惱，他們會把藥藏起來、吐掉或斷然拒絕服藥，他們體內的病毒量又會增加。因此，醫生希望我們格外留意，並在小孩八歲時，和他們坐下來，跟他們解釋愛滋病毒是什麼、爲什麼他們要吃藥以及治療的重要性。他們十歲的時候，需要知道愛滋病毒的傳染途徑、他們如何感染的以及如何預防感染疾病。

我無法想像在史瓦帝尼的文化脈絡下進行這個對話，我更擔心的是，如同父母的我和伊恩要告訴愛滋病毒帶原的小孩，他們身上有致命的病毒。在2019年底有些小孩已經九歲了，我選擇暫時擱置這個問題。隨著時間逼近，我找到解決的方法，貝勒診所的護理師會用掛圖向孩子說

明，我們只要在旁邊陪伴和支持。

　　雖然我們不用親自帶領這個討論，但一想到這個討論即將發生，還是讓我很不自在。年僅八歲的小孩為何需要了解愛滋病毒，而且還會被告知自己體內有病毒。然而，這是他們部分的自我認同，我們如何處理這個問題，讓他們面對自身健康的方式，這對他們生命會有很大的影響。

　　第一次「溝通」終於到來，我和伊恩開車帶著兩位資深管理人員和兩位八歲大的小孩去貝勒診所。我那天只希望不要在孩子面前哭泣或作嘔。貝勒的護理師很有一套，她講解得很好，充分告知孩子所有資訊，我們在一旁陪伴也讓他們覺得安心、感覺到自己是被愛的，也可能是因為他們知道等一下可以去肯德基吃午餐，所以現在討論的事情一點都不恐怖。那天吃的肯德基是我這輩子吃過最好吃的一次，我很感激討論過程如此順利，沒有人崩潰痛哭。

　　不過，在護理師用掛圖向孩子說明時，發生一件小插曲。當護理師告訴孩子他們從母親那裡得到致命的病毒，他們同時看我，心中納悶：「為什麼她要把病毒給我們？」我馬上回答他們，我不是給他們病毒的那個母親；但這又開啟了另一個棘手的問題，那個母親到底是誰、為什麼要這麼做、她在哪裡？我們需要盡快把「談性」這件事移到「必做清單」上面，以免孩子開始散播我把致命的病毒傳給他們的謠言。

　　我將這個窘境告訴我的朋友兼長期志工雪莉‧哈普（Shelly Harp），她推薦我閱讀一套書《God's Design for

Sex》，作者是史坦和布莉娜‧瓊恩斯（Stan and Brenna Jones），整套書有四本。第一本書《The Story of Me: Babies, Bodies and a Very Good God》，以「談性」溝通開場，是寫給三到五歲的小孩看。我覺得告訴三到五歲的小孩，寶寶是從哪裡來的，還太早了，但如果我們盡早告訴他們，不是不可以，這不是害羞的事情。

我記得當兩個小男孩看到護理師漢娜（Hannah）懷上第二胎時，他們問她的肚子怎麼了，她說裡面住著一個寶寶，兩個小男孩聽完眼睛睜得大大的，其中一個問說：「你把小孩吃掉嗎？」他們的腦袋充滿好奇。

第二本書是《Before I was Born: God knew My Name》，寫給五到八歲的小孩看。裡面簡單介紹寶寶如何進入媽媽的肚子裡面，所以我們用這本書來告訴孩子，避免他們誤會是我把病毒帶給他們。這本書的介紹寫道，會提供「夫妻之間性行為直接又風趣的解釋」。我先和資深管理人員坐下來討論這個計畫，他們全睜大眼睛、用手遮住臉或拚命搖頭。我們全都覺得很尷尬，但又知道這很重要。他們當中許多人有自己的小孩，可是也沒有打算告訴他們關於性的相關知識。在學校也沒有性教育，所以許多人自己摸索，造成很多青少年懷孕、染上性病或愛滋病。

經過多次臉紅、笑語不斷的討論後，我讓團隊成員思考他們該如何進行這個計畫。一週後，他們設計出周延的行動方案。住著年紀最長的E5女生宿舍和E4男生宿舍的

員工會帶他們，分別到史瓦帝尼的農莊玩耍，準備一些美食，坐在草地上閱讀。他們決定和小孩討論身體部位，希望小孩能以英文和史瓦語理解。我和伊恩不用到現場，真的是鬆了一口氣，我想我們不在場大家都會比較自在。

　　兩天後，他們讀完書，也和小孩討論、並回答他們的問題，孩子認為我是他們的母親，因此當他們學到母親懷胎九月才生下寶寶時，一個女孩說：「騙人。」她認為「珍妮媽媽週日在教堂有時會有兩個寶寶，到下週日，她又會有兩個寶寶。」在週日時常不只介紹一位寶寶，她問這個問題很合理。接著，又有一個男孩跑來問我他真正的媽媽是誰，在他身後有人說我就是他真正的媽媽，但那男孩說：「不，她是假的媽媽。」我們知道他想問什麼，但我老實告訴他我不知道他真正的媽媽在哪裡，他似乎很滿意我的回答，然後便溜走了。

　　隔天，所有男孩和女孩坐上廂型車，準備去上游泳課。有位員工問他們有沒有想分享農莊參訪後學到的事情。有位男孩快速舉手大聲回答：「男生有兩個洞，女生有三個。」沒有小孩在笑，所有的員工卻笑成一片。

　　我們開始讓年紀較小的孩子讀第一本書，我們把它視為一本故事書，而且越早開始討論越不會尷尬。員工都認為這套書很棒，他們在園區裡面傳閱，大家一起了解人類繁衍的過程以及他們不知道的性知識。其中一位管理人員告訴我，這本書的內容可能是迦南計畫和史瓦人民分享過最重要的資訊。

史瓦語「Lehora leKufundza」（知識即力量），我們想要教導員工相關知識，如此一來，他們也能傳授知識給孩子。如果員工能認同自己的身分，他們也能協助孩子了解、找到並接受自己的身分認同。

我們扶養的是史瓦帝尼的小孩，他們要認同自己是史瓦帝尼人，我們在這塊特別用心。語言是身分認同的第一步、也是最重要的部分，如果他們不能像其他高中畢業生一樣講、閱讀和寫史瓦語，身分認同這塊就無法建立。因此我們鼓勵大家在園區裡面講史瓦語，小孩在外面和學校已有足夠的英文訓練。我們也試著讓住宿的小孩共享廚房的生活環境，這和傳統的農莊生活非常不同，父親會有自己的房間，每個妻子也會有自己的房間，男女孩分別生活在不同房間，祖母的房間在正中間，緊鄰廚房。即便小孩長大後不一定會離開這裡去住農莊，但傳統的農莊式生活是這個國家和人民歷史很重要的部分，所以我們決定在農場蓋一個農莊。

我們的員工非常興奮，感覺很像是在園區蓋一個史瓦帝尼文化村。我們先蓋祖母的房間和廚房，接著我們蓋圍欄圈地，可以在戶外烹飪、建造營火、講故事和談話，像性、人生、愛情和未來希望。對傳統文化我們做了些調整，男孩和女孩都要學會準備食材和煮飯，煮飯不只有女孩要負責。我們保留真實生活中沒自來水也沒電的情境，小孩一開始找不到電燈開關、天花板吊扇和電視時，有點不耐煩，他們覺得沒有電視就不好玩了。員工告訴他們，

很多人長大過程中家裡沒有電視、也沒有自來水和電。

孩子還有漫漫長路，要學習自我認同為史瓦人，傳統式農莊是這段旅程中很重要的一部分。當我閱讀查爾斯‧馬汀（Charles Martin）的新書《The Water Keeper》時，他提出人們在了解自我認同時需要回答的兩個問題，第一是「我是誰？」，第二是「我屬於誰？」。他寫道：「我工作時，發現若沒有人回答第二個問題，人們是無法回答第一個問題的。這是自然定律，擁有自我認同之前要有歸屬感，如此一來，才知道自己要追求什麼。有些人講著自己的歸屬感，因此成為那樣子的人，心臟就是為此生命意義跳動的。」

當我在寫這章時，我覺得讀到的這段敘述很精彩，是巧合嗎？我不這麼認為，我相信我們的孩子知道他們是這個大家庭的成員，也是上帝更大家庭中的一份子。我也相信他們知道有人眷顧著他們，因為我們時常談論到在天堂看顧他們的天父。我和伊恩是他們在人世間的父母，但我們不可能讓他們事事如意，他們需要知道他們的家人，如此才能回答「我是誰」。

當我在寫這個章節時，我恰好和一位年輕員工諾珊多（Nothando）講話，她和我們的女孩住在依梅瑟尼園區。她來到迦南計畫時，滿懷恐懼，家庭破碎，無處可去，諾珊多沒有家，她的原生家庭告訴她她不屬於那裡。她五歲時，她媽媽離家出走，將她和兩歲的弟弟留給爸爸，從此生命中充滿酒精、壞男人和所有不好的事情。諾珊多最後

被忌妒她的女人毒害。她爸爸將一個素未謀面的女人帶回家，那女人很討厭諾珊多，想傷害她。爸爸和繼母會留下兩個年幼的小孩，出門工作好幾週。諾珊多向鄰居乞討食物，或在叢林中覓食野果，他們時常挨餓沒有東西吃。

有天，有個陌生男人接近她，說會帶她去買東西吃。於是拉著她離開，走進灌木叢，男人在一棵樹前停下，脫掉她的衣服並強暴她。她說當時她望向樹梢，腦袋一片空白，非常驚恐。她沒有得到食物，只有痛苦。這個男人每日重複這樣對待她，持續了數個月。

有天，她爸爸說繼母不希望有小孩住在家裡，所以他把小孩帶到外婆家。外婆住在大農莊，在家釀酒維生，在她的小酒館服務喝醉的男人。她自己也很常喝得醉醺醺，喝醉了就打諾珊多和她弟弟。外婆釀酒原料來源不明，喝下去可能精神衰弱或死亡。我記得曾看過一批用汽車電池燉煮的釀酒。

外婆家有兩間臥室和一間客廳，第一間臥室有一張床，外婆睡在上面，姊弟倆則睡在臥室地板上的草蓆，第二間臥室是一個老頭的房間，諾珊多不知道他是誰。當外婆進城或到叢林找釀酒原料時，她會把姊弟倆和老頭鎖在家裡。在他們搬進去不久後，外婆好幾個晚上沒回家，老頭叫諾珊多和他一起睡，諾珊多照做。第一天晚上醒來，發現老頭將她的衣服脫掉，並性侵她，老頭接連幾個晚上都性侵諾珊多。外婆回家的晚上，姊弟倆又會回到地板上的草蓆睡覺。有許多夜晚，外婆喝醉的客人多付錢和外婆

發生性行為，兩個小孩則躺在地板上裝睡。

　　一天下午，諾珊多在小酒館後面玩耍。在光天化日下，一個喝醉且精神錯亂的客人，拉著諾珊多，把她拽到地上，脫下她的褲子並性侵她。不久看到外婆拿著大木板朝向那個男人的頭打下去，外婆瘋狂打著那個男人，直到有人跑來把她拉開。

　　一直到那時候，諾珊多才知道這些男人對她做過的事情都是不對的。外婆把她拉到河邊，從頭到腳清理乾淨。她沒有帶諾珊多就醫，從此就再也沒有人提起這件事。多年後，諾珊多才發現她感染了愛滋病毒，她很崩潰、感到羞恥又困惑。自從最後一次性侵，在成長過程中都會避開男性，即便她遇到一個可能進一步發展的男友，但她不想和他有肢體接觸，感情便走不下去。諾珊多認為自己是一個殘缺的物品，不值得別人關愛，她也不相信上帝，因為真正的神怎麼會讓壞事發生？為什麼神不保護無辜的小孩？諾珊多身體虛弱，在接受愛滋病治療時，她發現自己得了肺結核，而且是多重抗藥性結核病。她被送到史瓦帝尼國立肺結核醫院，在那裡她遇到一個在醫院進出多次的年輕女子諾曼莎（Nomsa），她正在為生命奮鬥，而諾曼莎拯救了諾珊多。

　　我第一次遇見諾曼莎是在工業鎮曼特沙發（Matsapha）的路肩，她坐在救護車後座，戴著口罩，抱著她瘦小的雙胞胎女兒。她瘦骨如柴，被送到肺結核醫院，原本預計活不久。因為當地的社區健康促進協會（Community Health

Motivator）發現諾曼莎躺在小屋的地板上，新生的雙胞胎躺在她身邊，她瘦弱到無法走路、拿水，沒有奶水可以餵寶寶。社福處打電話問我能否將雙胞胎安置在「愛羅伊之家」，我說好。於是我在路邊從她手中接過雙胞胎，並為她們拍一張全家福，之後可以放在記憶寶盒裡面。諾曼莎最後不敵病魔，但在此之前她幫助許多生命，我如果每週都去探病、送健康餐點給她、讓她看女兒的照片，她說不定能戰勝病魔，並將孩子接回去親自扶養。她年紀輕輕，卻有五個小孩，有兩對雙胞胎，但卻沒有一個孩子和她住在一起。諾曼莎住院18個月後，身體變得強健許多，並倡議女性權利，也時常勸我加入。我們一起拯救了兩個孩子，並提供他們一個家，也對其他受苦的女人伸出援手。有天，她告訴我同間病房的女人想要看聖經，所以我將史瓦語和英語的聖經送過去給她們。

　　我為這本書訪問了諾珊多，才知道她也是當初要求閱讀聖經的女人之一，雖然她不相信上帝，諾曼莎不斷告訴她上帝愛她，而且如果她閱讀聖經，就能得到寬恕和關愛。諾曼莎經歷過許多痛苦，她在得到寬恕後，放下許多對過往的執著，她解脫自由了，因此也希望朋友諾珊多能夠得到自由。諾曼莎時常提及迦南計畫，她在臨終階段住進農場中的隔離房，這樣可以離女兒近一點。

　　諾曼莎死後，諾珊多聯絡一位住在農場的朋友，並問迦南計畫有沒有工作機會，於是她就近到我們這兒了。她脆弱又受傷，非常需要朋友陪伴，能夠讓她的人生重新開

始，忘記過去發生的事情。有天，諾珊多告訴一位女人她童年的遭遇，她原本以為她是可以相信的朋友，最後卻遭到背叛，到處散播謠言，諾珊多深陷黑暗和羞愧的世界。

同時，雪莉‧哈普（Shelly Harp）和丈夫貝理（Barry）以及他們的三個小孩搬進迦南計畫，成為我們的長期志工。當她看到許多女人心中承受傷痛時，她開始關注女性部門。我們有一棟特殊的建築，裡面有13間獨立房間，共用廚房和衛浴，專門提供給無處可去的年輕女性，她們可能被家人趕出農莊、流落街頭、懷孕又無家可歸，或是急迫想讓她們自己和小孩有一個家。我們將這裡稱為「Sicalo Lesisha Kibbutz」，「Sicalo」史瓦帝尼語是指「新的開始」，「Kibbutz」是在以色列發明的集體聚落，為了農業開發的需求而建立。我們希望來自相同背景、有共同需求的女人，住在這裡能夠一起療傷、尋找生命的救贖和希望。

雪莉在那裡遇見諾珊多，經過數週到數月的相處，她們一起禱告、閱讀聖經、她們無所不談，聊到謠言足以摧毀一個人、信任的重要，她們聊到性侵、亂倫和童年創傷的經驗時會哭泣，當雪莉講她最愛的一句話「把你的珍珠給豬吃」時會一起大笑。雪莉成為她們的朋友、母親、姊妹和這些年輕女性的佈道者。

有一天，我注意到諾珊多越來越瘦，她原本就已經很瘦了，美麗的笑容也變得黯淡。我詢問雪莉她的狀況，雪莉說諾珊多始終被過去的羞恥困擾著，她需要幫忙。我覺

得諾珊多很需要愛，而我們充滿3歲小孩的依梅瑟尼園區有許多愛，因此我將她的工作從庫特沙拉手藝坊，轉到依梅瑟尼園區，她可以陪伴小孩一起生活。

我認為，我們的廚房供餐很好，能增加諾珊多體重。她很可愛，我們的小孩會很喜歡她。或許在幼童之家，諾珊多能夠藉由參與小孩的遊戲、唱兒歌和建立健康人際關係，重拾她的童趣。她一開始很害怕，不過後來似乎適應得很好，記住所有小孩的名字、融入員工的生活，並能一起合唱。

然而，有個週日，當諾珊多在教堂台上時，我發現她的手腕上纏著繃帶。天呀，她割腕嗎？結束後我跑去問雪莉，雪莉把諾珊多拉到一旁，直接問她發生什麼事，諾珊多說她以前會割自己的腿，這樣沒人會看到，但現在則開始割手腕。她說她已經好幾年有睡眠障礙，因為她不斷回想起童年的創傷，她怕閉上眼睛會做惡夢。於是，她開始吃藥，任何藥都吃，希望吃藥能讓她昏睡過去；但發現沒有用，於是她開始割手腕，因為身體的痛楚能減輕沉溺在情緒的折磨中。

有個在迦南計畫工作的年輕人注意到美麗的諾珊多，有天晚上，上帝使他在夢裡遇見她，上帝要年輕人去找諾珊多講話，並告訴她她是多麼特別，而上帝對她有特別的安排。於是，年輕人問諾珊多他們能否以男女朋友進一步認識彼此，諾珊多告訴年輕人她不會是他喜歡的類型，還告訴他自己有愛滋病毒。然而，年輕人並沒有放棄，他告

訴諾珊多上帝指示他追求她，並且照顧她。

　　雪莉在2017年開始認識這群女人，諾珊多很想認識上帝，她想要得到自由、從過去的痛苦和牢籠中解脫。雪莉在2017年8月9日的日記上寫：「我第一眼看到她（諾珊多），就覺得她很特別。當我在講解聖經時，她很專注的聆聽，充滿靈性。她在第二次讀經時要求禱告，我知道她很需要基督，每週我都能聽見上帝將她從過去的枷鎖中解脫的話，她正在慢慢治癒。今天她要求受洗，感謝上帝。」

　　那個月底，諾珊多在「愛羅伊之家」的小泳池受洗。如今，她得到自由，她美麗又強壯，知道上帝對她有特別的安排，她相信過去的遭遇使她能陪伴其他有相同創傷的女人走過痛苦。幾個月前，諾珊多和她男友來找我和伊恩，說他們想要結婚，他們想要一起過信仰上帝的生活。2020年11月，我們參加了諾珊多的婚禮，大家都十分開心他們結爲連理。

　　諾珊多現在充滿自信，也在基督信仰中找到自我認同。我相信諾珊多重獲新生的經驗能夠幫助許多年輕女孩，找到她們的自我認同。

第七章　免費健保，你只需要付點錢

我們時常會說：「不知道就是不知道。」我們家族好幾代都是藥師，我的雙親也都是藥師，我們就住在藥局樓上的公寓。耳濡目染我對醫學略知一二。我學會走路後，時常在藥架之間走來走去。後來我夠大了，便到配藥室幫忙，了解不同種藥的功效。我聽到顧客和我父母聊很多健康的事情，聽到的大部分事情都令人難過。我以為別人知道我了解什麼，但我不知道別人不了解什麼。

我記得幾年前，早期就到迦南計畫和我們一起工作的安東尼‧馬蘇優卡（Anthony Musyoka）告訴我，大部分非洲人如何取得醫療資源。安東尼現在是一位護理師，他在迦南計畫工作的期間取得證照，他的描述和在西方生活的想像不同，令我大開眼界。他解釋說，初級醫療中心讓人們在生病或受傷時，可以就醫、尋求醫療幫助。中級醫療中心是人們生病一段時間、或有未痊癒的開放性傷口，可以尋求治療的地方。他認為當有人車禍受傷，身上有開放性傷口時，可能要等到傷口化膿，才能接受高級醫療中心的治療。

我一度覺得這很荒謬，我已經住在非洲超過八年，並

在許多非洲國家工作十五年以上，因此我了解狀況。今天坐下來寫書之前，我協助一個有嗜睡症的員工，到我們自己的醫生那裡檢查。短暫會談後，她躺下由醫生和護理師檢查，他們發現她的腹部有一個巨大的突起物。她疼痛和嚴重流血的時間已經六年，去過許多醫院檢查，但每次都只是吊點滴，拿些藥就回家了。病人也沒有權力問那是什麼藥、有什麼藥效，她以為她已經接受治療，很快就會痊癒。兩個月前，她和我們其中一位管理人員到醫院照X光和電腦斷層掃描，確認她身體健康。經過種種檢查，今天醫生還是在她身上看到四個月胚胎大小的腫瘤。

　　婦女要去看醫生，至少需要請假一天，在這裡看醫生要排隊等好幾個鐘頭甚至好幾天。她需要負擔來回的交通費，每次去醫院都需要付費，但只有吊點滴或拿到一顆綜合維他命。她的嗜睡症就是源自腹部巨大的腫瘤，因為腫瘤切斷血液循環。難怪許多非洲人不喜歡去醫院看病，因為時間和金錢不符成本。

　　在迦南計畫發展初期，員工整理土地，並種下第一批作物。安東尼也是其中一員。他去讀護理學校好幾年前，有個又高又強壯的美麗年輕女性也在團隊裡，她當時懷了第五個寶寶，但還是在大太陽下工作12個小時。有一個週五，她告訴經理她已經超過預產期，應該要去診所一趟。經理同意後，她整理行李，將其他四個小孩交給年邁的母親，搭上公共巴士進城。她抵達公立醫院後，護理師做完檢查，叫她到走廊走一走，直到寶寶有動靜。

　　我很常見到許多年輕女性獨自到公立醫院待產，身邊沒有陪產的家人，在外面走廊上走來走去，直到小孩快要出來，她們會進入一個有四到十張床的開放房間。護理師會叫她們將衣服脫下，放到產台旁的地板，然後躺到產台上，用力把寶寶擠出來。

　　生產過程中，沒有硬膜外麻醉、也沒有人在旁鼓勵，當孕婦因為疼痛和恐懼失去意識時，護理師會用力拍打她們的頭和身體，讓她們專注生產。我親眼見證過許多孕婦在公立醫院的遭遇，我曾試著安撫一位年輕媽媽，她寧可自殺也不想要生下寶寶。當她生下寶寶，年輕媽媽馬上套回外衣，嬰兒則被包裹在類似塑膠帳篷的衣物裡。護理師抱著寶寶，媽媽則走到產後休息室。她能待到隔天早上，之後便要回家將嬰兒清洗乾淨。

　　這位農場中又高又美麗的準媽媽，在醫院走廊來回走動，直到護理師決定幫她引產。他們讓她吃一個藥片，再叫她多走一下，一個小時過後，再給她一個藥片，以為寶寶很快就可以出來。當時沒有醫生在場，可憐的媽媽死在產台上，小寶寶也死了。

　　我雖然是門外漢，但我認為這樣的悲劇可以避免。適當的產前照護、監控，能拯救兩條寶貴的生命。前述故事中年邁的外婆被迫扶養四個孤兒，我很快的意識到，產婦保健和孩童死亡率在開發中國家是「主要的健康問題」。

　　得知媽媽和嬰兒死亡的時候，我們正在亞特蘭大，我感到震驚，也為她的家人難過。當下我就決定在迦南計畫

蓋一間醫療診所，提供產婦保健、產檢和相關的醫療教育。花了幾年的時間，我們籌募資金蓋了「愛羅飛伊醫療和牙科診所」（El Rofi，希伯來文意思是治癒者上帝）。開幕儀式上，我們邀請扶養四個孫子的年邁外婆，她一想起逝去的女兒便止不住淚水，而後，她受雇在幼童之家，負責清洗衣物。

我們開始著手進行初級健康教育課程，提供正確的健康資訊。當地和部分撒哈拉以南非洲的人普遍相信，愛滋病患者若和處女發生性行為，就可以痊癒。我們為每個病人檢查、提供正確的藥物和治療，這在公立診所和醫院很少見，由於資金不足，他們多年無法提供許多醫療服務。我們的價錢合理，迦南計畫300多位員工，他們不需要請一整天的假進城看醫生。我們營業後宣布費用會比公立醫院便宜，我們只收20元史鍰，當地診所請護理師檢查一下就要收25元史鍰，大約1.5元美金。我們醫療服務包含藥物，因為我們有庫存，而醫院沒有。此外，如果每個月需要回診兩次以上，我們收費不會超過兩次，也就是說慢性咳嗽或流產的病患，可以一直免費回診。

不過，沒有人想來診所看病。我們在雙週的午餐學習課程「Lehora leKufundza」教導基礎的健康資訊，受人愛戴和尊重的安東尼則鼓勵女人到診所節育、男女到診所進行性病的檢查、傷口治療和整體健康諮詢服務。

依舊沒人到診所看醫生。幾個月後，開始有病人，越來越多員工在工作時受傷，因此我們在雙週的健康教育課

程又加了更多主題，但員工依然不到我們的診所就醫，他們還是偏好選擇到高級醫療中心看醫生。後來我直接從員工每個月的薪水中，扣掉25元史鎫看診費，員工就認為看病是免費的不用花錢了。伊恩很高興：「這樣他們就會使用我們的診所。」沒錯，計畫成功了。

　　起初幾天有人抱怨，但後來開始有人來看病。我們原本擔心有人會占「免費健保」的便宜，令人意想不到這種情況沒有發生。

　　提到健保，我要對貝勒小兒科愛滋病診所表示敬意。他們在全國有三處診所，他們接受德州貝勒大學的指導，負責數千名接受雞尾酒療法的小孩。我們這裡就有18名愛滋病毒帶原的孩童，仰賴貝勒診所提供的免費醫療。從2015年，我們便開始進行愛滋病毒治療。早期，病人的CD4細胞數量因HIV病毒而降低至小於200 cells/ mm^3，就需要接受治療。CD4細胞數量代表免疫系統的運作狀況，CD4細胞數量小於200，會被診斷得到愛滋病，正常的CD4細胞數量介於500到1,500之間。

　　愛滋病毒感染者看到家人接受治療後過世，所以他們拒絕接受治療。雖然雞尾酒療法是由「全球基金」（The Global Fund）支付是免費的。

　　每個月，我們要帶愛滋病毒帶原的孩子去診所，接受體重、身高、整體健康以及是否按時服藥的檢查。每六個月，抽血檢查體內的病毒量，觀察身體對治療的反應。孩童的病毒量無法被檢測出來，就持續接受治療，只要每天

早晚定時服藥，便能擁有健康生活。事實上，若無法測量到病毒量，便不具傳染性，我們的孩子長大後，依舊可以結婚生子，這是一件鼓舞人心的事情。

每間宿舍都有一份服藥報告，並由一位資深員工執行雞尾酒治療，當小孩服藥時，會有另一名更資深的員工站在一旁監督，兩個員工需要一起寫服藥報告。每個月，我們要把剩下的藥水和藥丸帶回貝勒診所，比對我們應該剩下的量，我們必須有95％到105％的服藥率，否則診所人員會很生氣。我們花了好幾年才建立這套系統，我們現在的服藥率都在標準範圍。一旦中斷雞尾酒療程，身體會變得虛弱，最終死亡。在史瓦帝尼，一般成人和小孩都不好好遵守服藥規定，愛滋病毒汙名化很嚴重，因此會隱瞞帶原者的身分，他們會把藥藏起來，時常忘記吃藥。父母也不想讓其他人知道孩子是愛滋病毒帶原者，有外人在旁時也不會讓孩子吃藥。

我記得貝勒診所的醫生告訴我，要不是我們有監督孩子服藥，療程根本不可能成功。我們的孩子幾乎檢測不到病毒量，正確用藥加上富有蛋白質的飲食，療程就會有效。但是，大部分的史瓦小孩沒有時鐘知道吃藥時間到了，也沒有冰箱可以儲存藥品，更無法從飲食中攝取足夠的蛋白質。

貝勒診所的另一名醫生問我們的資深員工，我們是否可以幫助迦南計畫員工的小孩，因為他們大多不遵守服藥規則，身體虛弱。我們現在已有服藥規則和系統，應該可

以發展出夥伴系統協助他們。但基於醫療保密，貝勒診所無法透露任何一人的病史，大部分的員工都不會坦承有愛滋病毒的孩子。我們會繼續努力，透過教育、宣導正確觀念來根除愛滋病的汙名。2020年，貝勒診所有3,000名以上的孩子接受雞尾酒治療，但他們大多管控不佳。

　　2020年3月，在美國發現新冠肺炎病例的兩週後，南非也出現首例。一位醫生打電話告訴我不要再帶孩子去診所，避免被感染。她說她無法理解為什麼有人可以假裝沒有事情發生一樣繼續正常生活，她說貝勒診所的人都很擔心，彷彿海嘯來臨前，聽見風聲，卻還看不到巨浪。我告訴她，那天早上我也和資深員工討論這個問題，為什麼有些人很害怕，但大多數人一點都不擔心？因為當地人看電視報導，疫情主要集中於中國、歐洲和美國，所以他們認為那是「白人的疾病」，他們不相信疫情會蔓延到史瓦帝尼。美國新聞報導商店貨品被搶購一空，衛生紙首當其衝。在史瓦帝尼，他們不用擔心沒有衛生紙可以用，因為大部分的人，根本買不起衛生紙（他們上廁所會使用樹葉或廢報紙）。70%的人是自給自足的農夫，他們沒錢囤積食物。

　　這裡有世界最高的愛滋病感染率，一名國立肺結核醫院的醫生告訴我，根據統計，70%的人口有活躍性或非活躍性的肺結核，人民習慣了與這種令人害怕、致命性疾病共存的日子。

　　為什麼人民會那麼害怕公立醫院？因為重要的醫療資

源嚴重不足，更別提如果病情加劇的話，要怎麼辦呢。醫護人員沒有口罩，也沒有保護器具，也有報導指出護理師不願意接近生病的患者。全國醫療體系只有四台呼吸器可用，有位護理師告訴我：「感染新冠肺炎的人就會被列入嫌疑犯，我們要離他們遠一點，不要跟他們有任何接觸或瓜葛。」

3月17日，南非開始關閉與史瓦帝尼的邊界，我和伊恩趕緊開車前往南非首府普勒托利亞（Pretoria），我們花了一整天的時間，到藥局買未來八週孩子需要的藥，卻只買到75%需要用的藥。我們無法從史瓦帝尼當地買到幾個月需要的藥品，因此每個月總會有人要開車到南非採購。我們祈禱在這些藥用完之前，邊界會重新開放，另外，我們也買了261個小孩和照顧他們的95位員工，8週所需的食物和補給品。

史瓦帝尼官方宣布只有一例確診，是從德國來的女性，我們不曉得他們是否有落實檢測，或者消息是否正確。史瓦人民告訴我，他們很擔心檢測不足、報導不實，如果他們感染，沒辦法得到醫療照護。

我們盡量維持社交距離，史國人民冒著被感染的風險，仰賴大眾運輸和擠滿乘客的廂型車通勤。10億人口的非洲大陸還有一項傳統習俗，家人用同個碗吃東西。我們在庫特沙拉手藝坊看到輪流煮飯的二、三個人，煮完飯後端出裝在一個盛著食物的大塑膠碗，用手指挖塑膠碗的食物吃。

　　寫這本書的時候，新冠肺炎疫情在全球已經肆虐六個月，新的病毒威脅著史瓦帝尼王國和全球其他國家。疫情從中國、歐洲，一路蔓延到北美、巴西，全球幾乎都有疫情，有些地方管控相對好很多，像臺灣的防疫表現就很突出，學校照常上課，死亡人數也很少。南非三月就關閉邊境，由於史瓦帝尼是內陸型國家，除了有幾架撤離回美國的班機，我們哪裡也去不了。

　　過了一段時間，人民開始害怕病毒，即便他們有很高的比例感染愛滋病和很普遍的肺結核，但這兩種疾病不是世界衛生組織或疾病管制與預防中心列管的「潛在疾病」，高血壓和氣喘則屬於「潛在疾病」。在史瓦帝尼高血壓和氣喘很普遍，若有上述疾病，沒有基本的高血壓或氣喘藥品可服用，再感染新冠肺炎的話，真的是雪上加霜。醫療體系搖搖欲墜，新冠肺炎對醫療體系的影響巨大。

　　已經封城150天的南非病例暴增，3月25日，史瓦帝尼關閉國界，即便只是去雜貨店，都要有官方文件的許可才能出門。

　　封城初期，一個在迦南計畫工作的年輕人來找我。他的脖子上長了一個大腫塊，公立醫院的外科醫生切除核桃大小的部分腫塊，並告知喉嚨裡面有更多腫塊。他們需要檢測是否為癌症。因為政府很久沒有付錢，所以化驗室不再進行任何檢測。醫生將切片裝進瓶子裡交給年輕人，要他自己拿去化驗。年輕人後來將切片照片寄給我，那是我

在WhatsApp上收到最奇怪的照片。

　　年輕人沒有100美元的檢測費用，那相當於他半個月的薪水，但我們必須知道腫塊是否為癌症。我從用來贊助急需的「同情錢包」（Compassion Purse）裡面拿出一些錢，寄給我們檢測過的實驗室。結果是何杰金氏症（Hodgkins disease）的腫瘤，屬於容易治療的癌症，他必須到南非私人癌症醫療中心接受治療，並花上一筆可觀的費用。現在邊界封鎖，他只能等待機會。

　　幾週後，有一位腹部長期嚴重疼痛的年輕女子來找我，她去過許多醫院，醫生總是告訴她懷孕生寶寶，就會沒事。從我對人體有限的認識，我認為醫生的意思是指她有子宮內膜異位，如果懷孕生寶寶，就能解決問題了。她沒有結婚，由於童年生活坎坷，因此不想在未婚狀態生小孩。但當她描述疼痛狀況和頻率時，我開始擔心可能有別的問題。我有位好朋友是婦產科醫生，替我們這邊的女孩免費看診，她也救了好幾位阿姨的性命。即便是緊急手術，她也不會額外收錢，我們同樣會使用「同情錢包」付醫院要求的費用。我告訴那名年輕女子去找這位醫生，數小時後，我在WhatsApp上收到一張子宮的圖片。狀況不太好，看起來很像子宮外孕，但由於沒有胚胎，所以不是。這個年輕女子沒有忽略她的健康、也有去看醫生，不過她得到糟糕的建議，差點讓她死掉。新冠肺炎襲擊史瓦帝尼前，本地的醫療狀況是這個樣子，之後恐怕只有上帝知道會面臨什麼。

　　我們診所每年都會做好幾次乳房和子宮頸癌篩檢，我們提供最好的服務，每次篩檢至少會發現一位女性需要接受癌症治療；大部分女性不會接受治療，有些就在家死掉，只要接受癌症治療，就能活下來。有一位才到兒童之家任職的年輕女員工，定期檢查後，發現胸部有一些腫塊，當護理師告知她身上有滿大的腫塊，需要去看醫生，她說她知道有腫塊已經好幾年了。護理師問她怎麼不去看醫生，她說上次她去公立醫院時，護理師要把她的乳房切掉。

　　有個23歲的女孩發現第一個小腫塊的數年後，又長出其他腫塊。上週篩檢後，發現她得了子宮頸癌。這次，醫院告訴她開刀房因為整修關閉，也沒有其他醫院在做「非急需外科手術」。他們認為她的乳癌和子宮頸癌手術不緊急，國內唯一一家癌症中心關閉，患者也無法去南非接受治療。

　　老實說，書寫至此我很煎熬，每天得努力振作起來、不讓自己被壞消息打倒、避免徹底崩潰。我們必須「沉著冷靜」，面對許多害怕和病倒的人。

　　這週，我接到社工的電話，問我能否去警察局接一個在草叢被發現的新生兒，並帶小嬰兒和警察去醫院。因為政府部門的車子沒有燃料了，警察無法帶小嬰兒去看醫生。警察打電話給社工，社工車子也沒有汽油，所以打電話給我。

　　那其他需要幫助的嬰兒或孩童呢？如果警察和社工無

法幫助他們，誰還可以？我答應前往警察局，將寶寶交給安東尼檢查，並將寶寶帶回園區隔離，因為去醫院很可能會感染新冠肺炎。警察告訴我，現在越來越多年輕女孩懷孕，她們好幾個月無法上學，學校若繼續關閉，原本就很普遍的強暴案會增加，未來六到九個月會有更多棄嬰。

我不知道新冠肺炎會對史瓦帝尼王國、南非或非洲大陸帶來什麼影響，我們都很擔心會出現最壞的狀況。我們無能為力，只能增加洗手的頻率、消毒和生物保全系統，但根本不可能阻止病毒擴散。庫特沙拉手藝坊有許多員工生病，在家隔離，他們無法付170美金的檢測費，這比大多數人的月薪還高。

每個人都戴上口罩，他們認為這是保護自己的唯一方式。美國社會對是否戴口罩仍有歧見，我不曉得後續會如何發展。但看到世界強國之一的美國竟然為了是否要戴口罩，造成社會極大的分裂，我覺得很心痛。

我不知道這本書出版前，全球新冠肺炎的疫情會如何發展，在疫苗問世之前，世界無法安全。我們身處撒哈拉以南的非洲，連水痘疫苗都沒得打了，想必我們會是最後一批打新冠肺炎疫苗的人。目前，我們的小孩很安全，我們也祈禱上帝繼續保護我們，我們也將繼續服務主。我很確定肺炎疫情只是我們孩童未來會面臨的部分挑戰，只有上帝知道這場疫情會如何影響他們的人生。

第八章　水資源安全，很重要嗎？

許多人質疑當整個國家都在受苦，為什麼我們卻堅持「只幫助數十名小孩」。另外也有人認為其他地區嚴重缺水，很多人仍缺乏乾淨的飲用水，我們募款85萬美金，來確保迦南計畫的水資源穩定是自私的，我們為什麼要說服捐款人支持這個計畫？

這些孩童是我們工作的心臟（heart），農場則是維持運作的脈動（heartbeat），兩者缺一不可。生命需要食物，食物則需要水，所以，水和生命一樣重要。

全世界的非營利組織都喜歡用「永續性」這個詞，我們也很專注、用心經營可以永續發展的農場。有些人覺得這個計畫不可能實現，甚至很好笑。因為美國聯邦政府每年農業的補助金，超過200億美金，全美國210萬間農場，其中有39%接受補助金。其實絕大部分的補助用於玉米、大豆、小麥、棉花和稻米等大規模的生產商，誰能靠農業賺錢？沒有虧錢就該偷笑了。上帝給我們一塊可耕種的土地，也讓我們找到員工，所以我們的農場成為迦南計畫的核心。為了耕種，我們需要水源。沒有河流經過這塊地。早期開發階段，我們必須仰賴11月到4月初的季節性

雨水，我們也需要蓋一座水庫來儲存雨水。

　　現在迦南計畫有三座水庫，第一座水庫就在我們買下土地後，於2010年著手興建。前地主有一個小水庫，供水給牲畜，所以我們要擴張水庫的成本相對較低，並且簡單許多。水庫蓋好，我們就可以灌溉15英畝的作物。當我們在整理土地，努力徒手剷除雜草和石頭時，我們發現在短時間內需要更多水，所以就找到了第二座水庫的地點。2011年，我們蓋了第二座水庫，讓我們可灌溉的作物面積增加了一倍，有30英畝。不過我們還是無法達到灌溉80英畝的目標，所以我們需要蓋第三座更大的水庫。2012年，我們開始蓋可以儲存1,200萬加侖雨水的第三座水庫，從初期的工程計畫，到我們動土開始建造，整整花了兩年時間。蓋前兩座水庫時，我們還沒住在史瓦帝尼，沒有直接參與建造工程，不知道到底會有多困難？這裡萬事皆難。不過我們從中學到、聽到許多事，也成長不少，並有超越能力的表現。第三座水庫如同伊恩的小孩，他努力不懈的想把水庫蓋好。

　　蓋一座更大的新水庫首先要有環境管理計畫，獲得史瓦帝尼環境部門的許可，他們會評估興建水庫可能產生的問題。他們想要確保如果水壩潰堤，不會淹沒下游的房屋和農場。還要確認我們蓋水庫，不會阻斷提供給其他農莊或農場的水源。確認我們不會摧毀保育類樹種、動物或是稀有植物。伊恩喜歡解謎，這個計畫對他而言就是一個大謎題，他要想辦法找到部門中可以幫忙做調查的人，還需

要像新鮮人摸索史瓦帝尼政府系統、政治生態和文化。幸好他用小心謹慎、彬彬有禮的態度和意志力達成目標，儘管他的耐心快被磨光，不過總算有回報。2012年底，我們獲得環境部門的同意，工程可以展開了。接下來的挑戰是，我們要籌募33萬2,000元美金興建水庫和抽水站，這些管線系統可以灌溉額外的50英畝。我已經提問很多次，這樣會很困難嗎？大家都知道水的重要性吧，募款應該會很簡單吧？不，我想錯了。

我講些比較爭議性和難聽的話，沒人真的在意開發中國家的水資源。因為大家認為用水是理所當然的事情，如果你想要用水，打開水龍頭就好。如果你想要灌溉土地，打開水管開關就可以。替興建水庫募款一點都引不起大家的興趣，我們遇到的人也都興致缺缺。然而，我遇到一個人和一個組織，願意關心水資源的問題，並且採取行動提供水資源，還有更重要的水源安全。

那個人就是呂興忠老師，他是彰化高中的圖書館主任，也是我認識多年的好友。他是偽裝在圖書館工作的超人。呂主任對史瓦帝尼充滿熱情，也時常教導學生幫助貧困的人們。他始終支持非洲之心，他是第一個用實際行動幫助我們募款的人。他帶領來自世界各地的學生和彰化高中學生一起行腳、穿越臺灣好幾個縣市，分別用中英文大喊：「為水而走！Walk for Water!」他們的努力讓我們籌募到可以動工的資金。

而那個組織就是國際扶輪社，他們是一個國際性的服

務組織，聚集各行各業的領導者，提供人道服務和促進世界和平。扶輪社在全球有超過120萬成員，組織很關心全球的水資源問題，也募款好幾百萬幫助社區鑽井、提供安全的飲用水、建造廁所和提供學校用水。扶輪社也發展出一套衛生教育計畫，他們在網站上說：「乾淨的水源、衛生系統和衛生教育是健康環境最基本的需求，當人們可以使用乾淨的水和衛生系統，就能減少病媒傳染，孩童不容易生病，就能規律上學，母親也能把提水省下來的時間照顧家庭。」扶輪社對問題瞭若指掌，而且已經有了行動，我們詢問幾位扶輪社的朋友，得知從扶輪社募款並與他們合作很困難，而且要花很長的時間。但是相信我，這一切都是值得的。國際扶輪社集結各地的成員，他們服務當地社群不遺餘力，我父親和伊恩父親吉姆‧麥斯威爾（Jim Maxwell）都是扶輪社的成員。扶輪社的西渥太華分社（Rotary Club of West Ottawa）首先願意幫助這個計畫，我遇見的扶輪社社員都很善良、體貼又積極參與各項活動。我時常說，如果基督徒也能像扶輪社社員行事貫徹始終行善，我們也能夠建立好的名聲。

　　伊恩馬上投入計畫。首先，他聯絡約翰‧巴克（John Bach），約翰和他妻子曾到過迦南計畫，並且是非洲之心主要的贊助者。他也是美國喬治亞州（Georgia）阿爾法利塔（Alpharetta）北富爾頓縣（North Fulton）扶輪社的前社長，共有30名社員。幾年前，約翰認識了史瓦帝尼莫布盧茲和姆巴巴內市（Mbuluzi-Mbabane）分社的人，

兩個分社的成員發展出合作計畫，並捐贈一台強鹿拖拉機
（John Deere Tractor）給迦南計畫。當伊恩告訴約翰興建
水庫的計畫時，他的第一個反應是這個計畫遠超出分社的
能力。然而，當時的社長班・杭特（Ben Hunter）喜歡這
個計畫，並開始申請國際扶輪社的全球獎助金。約翰也參
與其中，並且積極倡導水源安全的目標。他和班一起處理
獎助金的申請流程，幫助我們獲得能繼續實現永續性的重
要資金。而來史瓦帝尼視察狀況的扶輪社成員剛好是澳洲
的水庫工程師，他幫忙寫獎助金最後的申請書。我們送出
申請書，靜待結果，並祈求好運降臨。

　　最後，7個美國和加拿大的扶輪社分社和史瓦帝尼的
首都墨巴本（Mbabane）及姆布盧茲（Mbuluzi）分社合
作，共募到5萬美金，加上喬治亞地區扶輪社配對基金有
10萬美金，又加上扶輪基金會補助，總共募得20萬美金，
是地區史上最大的獎助金。非洲之心還籌募到短缺的13萬
2,000美金。我在臺灣的一位天主教朋友總說：「這是上
帝的意旨，這是上帝的恩賜。」

　　我想要鼓勵眼前有一座高山要征服，或是要橫渡一條
寬廣河流的讀者。作為耶穌的追隨者，我非常鼓勵大家祈
禱上帝的指引，確認你想要得到的東西來自上帝，不被眼
前的困境阻礙。

　　如果身邊有許多愛唱反調的人，上帝必定會創造好機
會。如果有一個看似不可能的夢想，上帝必定會創造好機
會。如果你無法自己完成一件事情，上帝必定會創造好機

會。祂會善用你的能力，就像其他人也擁有的能力，像是伊恩、呂興忠主任、約翰・巴克等，否則他們也無法獨力完成這件計畫。而且你需要有耐心（史瓦帝尼語是「ooh-bay-gay-tay-la」），按照上帝預設的時間，而非你自己的。

第三座水庫花了整整兩年才開始動工，伊恩依舊為其他計畫忙得焦頭爛額，無法完全專注在這件事。

上帝的時間很完美。過去十五年，我們了解到祂想要邀請許多人進入這個計畫。所以我分享的故事才能如此豐富，充滿敬畏和不可思議，這些都是上帝安排的。水庫的興建有來自美國、加拿大和臺灣的朋友參與，我們也從以色列買抽水站需要的器材，還向肯亞的人買灌溉用的水管，甚至還和史瓦帝尼政府的人合作，一起建造水庫。要得到當地政府的幫忙並不容易，想要合作也沒有那麼簡單。但是與我們合作的工程部門（Ministry of Works）表現十分傑出，是迦南計畫長期的合作夥伴和朋友。

第三座水庫只花六個月的時間就蓋好了，比籌備的時間少很多。興建水庫第一步要清理灌木叢，並架設一個與水庫壁面垂直的溝渠，中間放有安全排水管，由鋼筋混凝土密封。工程部門給我們兩台挖土機、兩台砂石車、一台推土機、一台平土機和一台壓路機，我們負擔柴油和機械操作員的費用。他們以優惠的價錢租給我們這些器材。當我們等待重型機械來臨時，伊恩正在找黏土的供應商，因為水庫的牆面需要防水處理。我們以為需要從其他地點送

黏土過來，結果我們發現離水庫建造地點五百碼處就有黏土層。這就是上帝的意旨，祂提供黏土給我們。

　　開始建造後，我們從土壤中挖出許多黏土，由十立方碼的砂石車載到水庫位置，接著將黏土倒入、剷平，再用壓路機整土。一週五天，每趟運送都揚起許多灰塵。經過四個月，運了數千砂石車次的黏土到水庫。

　　六個月後，水庫建造完成，築有50呎高的牆，並在5個月後裝滿了12,000加侖的雨水。我們將第三座水庫命名為「生命之泉水庫」（Living Water Dam）。2014年12月，約翰·巴克和富爾頓縣扶輪社分社的成員一同出席水庫的揭幕儀式，我們在光榮的一天將水庫獻給上帝。孰料，11個月後，撒哈拉以南非洲經歷有史以來最嚴重的旱災。生命之泉水庫乾枯見底，土壤龜裂。我感到心力交瘁。2016年，乾旱如瘟疫襲擊撒哈拉以南的非洲，不只史瓦帝尼，54個非洲國家中有46國面臨乾旱危機。提供社區乾淨飲用水的鑽井一點水都沒有，農田失去生機，土壤太硬無法犁田，開始有人死去。我們原本以為有三座裝滿水的水庫很夠用，如果將那些珍貴的水拿去灌溉作物，就沒有水可以幫寶寶洗澡、煮飯和沖馬桶，沒有雨水補足我們用掉的水，在一夕之間我們看到水庫見底，不得已只有停止全部的農業計畫。

　　停止農場，伊恩必須想辦法找到足夠的水源來取代水庫。由於水庫下面沒有含水層，所以一旦用光，就真的沒水了。他詢問當地水資源專家的意見、也向農業部反映問

題，並向上帝祈禱獲得解決方法，我們再次需要上帝的指引。

買下這塊地之前，伊恩和前任地主花了九個小時，一起穿越這片布滿灌木的土地。他們到達山頂，從陡峭的岩壁上爬下後，發現一個瀑布。而山上五個自然湧泉的水就是來自那個瀑布，伊恩想起了那個瀑布。但我們要如何從湧泉那邊引水到農場使用呢？

伊恩打電話給他在工程部門認識的新朋友，詢問有沒有了解水文學的人可以幫忙。伊恩認識了一間WaterWorx公司，其中一名公司成員吉爾‧拉尼爾（Gil Lanir）恰好住在我們山頂的另一側，他不僅是來自以色列的農業工程專家，也和史瓦帝尼女子結婚，並且負責史瓦帝尼境內和其他非洲國家的水資源計畫。他喜歡健行，對湧泉和瀑布的問題一清二楚。吉爾告訴伊恩他最近健行至瀑布那區，即便在乾旱期間，還是有源源活水。他信心滿滿的認為瀑布的水源能為缺水問題解套。他們討論後，就著手進行從山頂引水到農場的計畫。

首先，我們需要做水壩測試，測量河流每小時的水流量。方法是堵住每條河流，測量每小時經過的水量。測試很成功，即便在乾旱最嚴重的時期，每小時流經的水量是2,200加侖。下一個問題是，我們是否能用重力引到瀑布的水，沿途不盡然都是下降的地形，還有上升的地形，因此需要考慮引水過程是否會受到地形高度變化的阻礙。解決完這個問題後，伊恩想要釐清山上的水壓是否足夠用來

發電。這邊的電很貴，大部分的電力來自南非，而且很不穩定，我們時常停電數小時或好幾天，水力發電可以助我們永續發展一臂之力。

　　最後，我們了解需要高壓水管才能完成計畫。除了水管額外的費用，我們也需要發電機，爲此我們要再多募款近兩百萬美金，才能實現這個計畫。我們才花了兩年爲生命之泉水庫募得32萬美金，坦白說，我們面臨有史以來最嚴重的乾旱，根本沒有募得200萬美金的時間。所以我們需要改變計畫。我們最後重新設計管線，減少一半以上的成本，然而所需的85萬美金依舊是天價。從山頂引水的計畫一波三折，但伊恩從不放棄，他知道沒有水，我們什麼都做不了，沒有水，我們會死掉。伊恩相信這是上帝要讓我們使用的水源。

　　我們有了計畫和報價，必須向董事會報告，並取得同意。我們的報告沒有預期中順利：

　　第一場董事會的報告很詳盡，他們也提出很多好問題，如「可以鑽更多井嗎？是否可以向鎮上買水而不用募這麼大筆錢？有建造和維護管線的經驗嗎？全國其他地方也很缺水，爲什麼只花錢爲自己提供水源？你有用水的權利嗎？爲什麼不募款在全球各地鑽井？」面對諸如此類的問題，我們製作了一份常見問題的文件，以回應所有的問題。我們也製作了是否能鑽更多井的水文調查問卷，發現全國各處很難找到地下水資源。因爲找不到水，鑽井也沒用。董事會一再重複問一樣的問題，態度也漸趨強硬，但

我們的回答不變。董事會想要新的資訊或不同的做法，但我們沒有新資訊，因為已經回答過所有問題。在缺水的國家，上帝提供我們水源，我們要做的就是把水引到山下。是否要替園區的水源安全募款，建造六哩的引水管線，董事會對這個議題意見分歧，大家鬧得不太愉快。有些董事會成員的回應令我失望，他們不住在史瓦帝尼，而我們從2012年就住在這裡了。他們打開住家或工作場所的水龍頭，就有乾淨、源源不絕的水可用。在美國，即便發生乾旱，草坪的草可能會枯萎，但每個人仍舊可以天天洗澡。但我們無法享受這樣的生活品質，甚至不知道哪一天就不能替小孩洗澡了。另一方面，我很慶幸其他董事會成員願意挺身而出，他們知道水資源的重要，極力呼籲支持這個計畫，讓這個計畫能持續進行。

　　最終，計畫通過董事會的同意，募款活動正式展開。上帝安排的時間很完美，

　　大衛・布萊恩（David Bryant）才剛成為非洲之心的開發總監，雖然他告訴我們他不是「雨神」，但他很快展現與人互動的熱情，喜愛邀請人們了解上帝的故事。作為募款的主要負責人，大衛從來不覺得他在跟別人要錢，而是邀請別人一起支持上帝眷顧的王國。我們募得初期的資金，第一筆真正推動計畫的捐款，是來自一對新婚夫妻的10萬美金，他們受到上帝的感召，因此從退休金中捐出一筆可觀的金額。這使我們信心大增，確認自己走在正確的方向。

我們將這個龐大的計畫分不同階段進行。第一個階段，我們要建造通往湧泉的道路、清除灌木叢和蓋兩個水庫將水引導到管線。第二階段，我們要在環繞著山脈的地面，蓋條一哩長的管線連接兩座水庫，並將管線拉到山頂。第三階段，我們要在地底蓋一條3哩長的管線，最後連接到11萬加侖容量的水塔。扶輪社同意，將水庫多餘的獎助金轉移為水塔興建的費用。

第四階段，我們要從扶輪社水塔搭兩條管線到另一座11萬加侖的水塔，也是由扶輪社社員凱西‧麥爾（Kathy Myers）在2012年過世前，大方捐贈的「凱西‧麥爾獎助金」所贊助。兩年內，我們為這個計畫募得85萬美金。我們每完成一個階段性任務，上帝就會為下個階段「釋出」資金。過程中當然會有些小插曲，但上帝總是與我們同在。

我們原本計畫的水管在南非訂製，運送流程相當簡單，取得也很容易。但我們一拿到資金要預訂時，這家在南非的新公司還沒有準備好生產和運作，我們被迫改向他們在西班牙的總公司訂水管。沒錯，就是西班牙。

當我和伊恩坐在露台，一起寫這個章節的時候，我問他對整個計畫的想法，他說：「過程很艱辛，根本不可能把砂石水泥搬到山頂，卡車也上不去，只好徒手做。穿著夾腳拖的史瓦男人推著手推車，裝滿200磅濕水泥，從山坡上滑下，這些人喜歡挑戰看似做不到的事情。我很感謝他們，也以他們為傲。這個計畫再次使我了解，為什麼我

選擇相信上帝，因為祂邀請每個人靠近，那些願意的人就
會看到上帝真正存在。」這是我先生講的。

一條蜿蜒的管線穿過山谷到達雞舍，那是最後階段的
管線，從露台看過去的景象很美。終於，我們期盼已久的
那天到來，管線連接到水塔，打開閥門就可以讓水流入。
我們集合長期志工、年紀較大的孩子和一些員工，一起慶
祝水從管線流入水塔的時刻。經歷許多困難、承受過許多
壓力和憤怒，以及這些年的分歧，我們終於可以站在這裡
慶祝。伊恩的空拍機飛到空中，我準備好用iPhone錄影，
我們在倒數後，打開閥門，然而什麼事情都沒發生。

沒有水流出來，一滴也沒有。顯然的，其中有個壓力
調控閥關閉了，水壓比山上的高，所以水無法流通。我們
在這裡常說：「要學會和失望相處。」我和伊恩從小就學
到這項人生歷程必須學習的課題，重點是你如何處理，這
將會影響事情的結果。這個失望會毀了你一整天、整個禮
拜還是人生嗎？或是你會小小難過一下，選擇繼續向前？
那天，我們連難過都省略，直接繼續往前。

我很感謝我們的朋友查德・葛果里（Chad
Gregory），他是美國非洲之心董事會的前主席，在董事
會意見分歧的艱難時刻，替我們指引方向，並團結美國的
董事會支持HOPE包含水資源的願景。我也很感謝提姆・
萊波特（Tim Lambert），他是加拿大非洲之心董事會的
前主席，始終和我們在水資源議題上並肩作戰。他在董事
會議，開始使用「水源安全」這個詞，他確信水源安全這

個目標很重要。我和麥斯威爾一家和全體非洲之心的家人對查德和提姆充滿感謝。

　　實現水源穩定和安全這個目標需要願景、膽量、堅持、耐心，還有許多個人、組織和基金會的支持和贊助。他們和我們一起笑、一起哭、為我們禱告、與我們一起慶祝，非常謝謝你們每一個人。養育一個孩子需要動員整個村莊，替代代相傳的小孩實現水源穩定和安全的計畫，需要集結眾人和更大組織的力量。

　　水源安全很重要，水代表生命。

第九章　大火肆虐

2018年7月,我和伊恩坐在家中露台,在夕陽餘暉中俯瞰著農場。他說:「明年是迦南計畫創立十週年,我們應該做點什麼。」我十分贊同。於是我們開始動腦計畫活動,在策畫初期,我便認為這個計畫將如史詩壯闊,我不知道這個計畫執行起來會有多大。我們發出邀請函,邀請志工參加為期11天的服務行程,有音樂家想來表演。我們沒有夠大的場地容納這些客人、VIP和我們的小孩以及員工。伊恩在迦南計畫草創階段有想過蓋一個圓形劇場,但我們不曉得要蓋在哪裡。此時,我們決定蓋圓形劇場,但時間緊迫。

　　我們立即行動,開著沙灘車繞遍整個園區,尋找適合的地點。當我們經過「生命之泉」水庫旁的草叢時,馬上發現這裡適合蓋圓形劇場,背後映襯水庫美麗湖景。我們不曉得誰蓋過圓形劇場,於是我們在Google和YouTube查資料。我們的朋友彼特·威克森（Pete Wilkerson）在喬治亞州有一家景觀公司,他負責迦南計畫的土地規劃、道路和建築物的配置。我們共同想出一個粗略的計畫草稿,並請一些當地的工程師幫忙設計舞台,以免小孩在上面表

演時滑落水中。

　　十週年活動有許多需要準備的事情，像是其他道路建設、維修、表演項目等都比蓋圓形劇場重要。六月初，經過多次討論和禱告，我們決定把圓形劇場蓋起來。我們雇用一個當地的建築工人，他對圓形劇場一點概念都沒有，但工作很勤快、能正確接受指令。我則成為工地的「女領班」，開始建造工程。

　　我們訂了石籠的鐵網，小孩開始堆疊農場裡的石頭並裝進籃子裡。我們開車所到之處，都是兩呎高的石堆。我不曉得原來填滿鐵網需要那麼多石頭，但孩子喜歡堆疊石頭，樂此不疲。

　　架好石籠，用鐵絲固定，然後倒入水泥，邊長13、寬7碼的舞台就完成了。站在舞台上，望向丘陵和灌木叢，我們不曉得圓形劇場是否能準時蓋好。因為我父母姓氏是威利斯，我年輕時常說「有威利斯，事竟成」（Where there is a Willis, there is a way.），這樣的想法每天鞭策著我向前。我會花數小時檢查擋土牆和舞台的後側是否有切齊，並用一卡車的砂石填補石牆，中間的座位也是由擋塊一排排蓋上去，後排比前排長。工人用力拖運石塊，建構鋼筋骨架，攪拌手推車滿載的濕水泥，並倒入石塊中以增加穩定性。有塊大石頭使我們無法將半圓形劇場蓋完，所以我們修改曲線，開始往上建造座位。

　　我們共花了35個工作天才蓋好圓形劇場，可以容納一千多人。幾天後，圓形劇場成為十週年慶祝活動的重

點，這是一個史詩般的壯舉。

2019年7月18日，我們舉辦盛大的慶祝活動，感謝上帝這十年來提供資金和專家建議，讓我們得以完成許多事情，實現迦南計畫的願景。我們很榮幸邀請到副總理薩姆巴·馬蘇卡（Themba Masuka）、數十名前後任的非洲之心董事會成員、100多名志工、員工和小孩。活動持續3小時，小孩表現得很好，和其他貴賓一起歡笑和跳舞。我替他們感到驕傲。

活動的主題是「愛的根基」（Rooted in Love），取自以弗所書第三章：「求他按著豐盛的榮耀，藉著他的靈，強壯你們的心，使基督因你們的信，住進你們心裡，叫你們的愛心生根立基，能和眾聖徒共同領略基督的愛是何等深遠寬闊，並知道超越人類知識的愛，便叫神一切所充滿的，充滿了你們。」

我是典禮的司儀，負責介紹講者和表演，將HOPE的故事用真實或抽象方式貫穿整個活動。儘管當時正值冬季，天氣炎熱，我站在講台上時，陽光直射進眼裡。我記憶猶新，當我望向左側，看到山的另一頭竄出了煙，這在冬天很不常見。燃燒火障是為了避免野火一發不可收拾，獵人會燒草用來驅趕獵物到空地，搗亂份子則會點火來恐嚇我們。伊恩馬上派人去檢查狀況，他們回來說火災是發生在山另一頭的社區Gebeni，我們不需要擔心。活動繼續舉行，並且圓滿落幕。小孩表演歌唱、舞蹈和讀詩，他們演出迦南計畫如何成立的戲劇，大家有哭有笑一起慶祝上

帝這十年來的信念、善意和恩賜。最後,我們共同種下一棵樹,並祈禱我們能夠保持這份「愛的根基」,然後享用廚房員工親手做的慶祝蛋糕。

慶祝活動結束後,我們回到家洗澡。在露台上喝氣泡飲料,並和家人共享一頓美味的晚餐。克洛伊、史賓賽、他的女朋友珍(Jane)和史賓賽在女王大學博士班的朋友安德魯(Andrew)都為了這個盛會回來,我們很開心他們在為期一週的慶祝活動時回家。史賓賽和安德魯開沙灘車到山頂晃晃,我和伊恩、克洛伊、珍則待在家中休息聊天,我和伊恩先到露台,當我們坐下來往外看時,聞到一股煙味。我們對火災仍保有警覺心,起身走到露台後方,看到一條長形火舌從山上朝我們蔓延,聽到火焰吞噬長草、灌木叢以及高大喬木發出的劈啪聲,丹尼斯(Denis)和他的團隊成員,用大綑的樹枝企圖滅火。我們不可能拉水到如此偏僻的區域,預防火災發生是控制火勢最好的方法。丹尼斯的團隊每年都會清理,並燃燒16哩多的火障面積,2019年也不例外。他很有自信這樣可以撲滅火勢,如果仍舊抵擋不住,至少在建築物和農地周圍還有火障可以阻斷火勢蔓延。出人意料的是,風勢加速燃燒的範圍,我們歷經了40小時的滅火行動,差點燒死大家。

太陽逐漸西沉,火勢變得更猛。只要待過火場的人都知道,火燒得太快,沒有什麼時間計畫或阻止火勢。火勢很快蔓延至新蓋好的「史瓦帝尼莊園」,那棟建築物有美麗的茅草屋頂。我趕緊聯絡孩童園區的資深管理人艾倫

（Allen），請他帶一些人來滅火。數分鐘後，艾倫站在電子圍籬（我們還來不及關掉電源）外面，他想拿火柴燒毀史瓦帝尼莊園周圍的乾草，以阻止蔓延下來的火勢繼續燃燒。我們小心翼翼不讓圍籬電到，順利將火柴傳到外頭那群人的手上。艾倫當機立斷，讓兩棟新蓋好的建築物躲過被燒得精光的命運。

當艾倫往山下走去時，越來越多人加入丹尼斯的團隊。我不知道那是如何辦到，許多員工已經回家。瞬間，風向上吹拂，火勢往山上蔓延，朝向我們長期志工住的宿舍（The Lodge），我們趕緊打電話警告裡面的人。史賓賽和安德魯從山頂開沙灘車回來，車身覆蓋著他們之後形容的「雨塵」。我們以為火災是發生在山的另一側，所以他們當下並不擔心。直到開車下山時，看到我們房屋旁的山坡上起火，才加速開回園區。

史賓賽不是第一次遇到火災，所以他知道應該怎麼做。他們立刻穿上長褲長袖，套上及膝的長靴，加入丹尼斯的團隊清除樹枝。黑夜降臨，熊熊火焰照亮空中的煙霧，使得煙霧更明顯。

我、珍和克洛伊無助的站在一旁，關掉電子圍籬的電源，將水和氣泡飲料傳給經過的人，只能打開小小的水管，無法提供太多水。這時，丹尼斯團隊中一個成員跑到圍籬旁邊，原本該點燃小火，燒掉房子周圍的雜草，這樣火勢就不會波及院子。但這名男子誤解了指示，他沿著圍籬點火，我們完全被火勢包圍。伊恩當時正忙著聯絡農場

的人員，請求支援和做好安全措施，他突然跑到圍籬旁邊，阻止那名男子，但已經太遲了。風向又變了，火勢朝著我們旁邊的志工宿舍「辣木樹訪客宿舍」（Moringa Guest House）蔓延過去，當時有六名志工住在裡面，包括傑瑞和珍妮・史考特。我、珍和克洛伊抬頭望向天空，煙霧往上飄，幾乎遮住黑暗的天空，我們很快就被煙霧包圍，晚上的低溫快把我們凍僵。

　　火勢延燒了40個小時，我沒辦法詳盡的寫出這40小時發生的每一件事，但部分記憶清晰。火勢經過我們的房屋、辣木樹訪客宿舍和下方的哈波（Harp）家的房子，火被撲滅。除了丹尼斯的團隊，其他人回去睡覺，連風也休息。不過只有幾個小時，隔天一早，我們又被喚醒。風開始往上吹，火勢往上蔓延至哈波家的房子、辣木樹訪客宿舍，燃燒至電子圍籬的柱子，再度延燒到我們的房屋、以及一開始未往下燃燒的草叢。史賓賽和安德魯開著沙灘車，開往農場，加入伊恩、丹尼斯和長期志工雅各（Jacob）、亞林（Arlyn）等人救火的行列，火勢正朝向新蓋好的10萬加侖水庫蔓延。哈波家、史考特夫妻和其他長期志工正在保衛他們的房舍。數小時過後，大家又回到床上休息，以為已經把火撲滅了。我們不知道，真正的重頭戲還未上演。

　　週四早上很美好，山坡氣溫約華氏75度（約攝氏24度），有藍天和耀眼的陽光。唯一的差別是：煙味還未散去、燒焦成黑色的山坡和我們的疲累，我們甚至沒有精神

去回味24小時前舉辦的慶祝活動，全身、衣服上和床上充滿煙味。伊恩一整天都有會議，他要和我們的農業團隊開會討論未來幾年的策略計畫。

100多位參加慶祝活動的志工，和我們年紀比較大的孩子一起外出遊玩，我、史賓賽、克洛伊和他們的朋友得以享受平靜的一天。我那天只需要去距離迦南計畫四英里的Nkonyeni高爾夫俱樂部拿披薩，我們的短期志工通常會住在那裡，那邊住宿品質安全、舒服又方便。有空調、保全、網路（偶爾有），屋頂由茅草蓋成，高65呎，在裡面可以一面吃晚餐，一面享受非洲大自然和美麗的夕陽。我悠閒的開著伊恩的車去拿披薩給他和團隊成員當午餐，當我快到度假屋時，我接到來自肯亞的灌溉專家威廉的電話。從未打過電話給我的他，很冷靜的告訴我叫所有史瓦帝尼男子跑往教師宿舍，因為風勢又開始增強。火焰跳過哈波一家，正在朝寶寶之家延燒。

艾倫和其他人趕緊前來救援，伊恩和正在開會的成員馬上跳上我的車，開往寶寶之家。大家動作迅速，試著防止火勢延燒到寶寶之家，伊恩背靠著電子圍籬的外部，努力在火未燒到園區附近又短又乾的雜草前，將火撲滅。火焰燒到他的臉，眉毛、睫毛和頭髮被燒焦，他向右閃躲，膝蓋和臀部重重撞地。此時，我們將40位18個月以下的寶寶疏散到孩童之家。

我發瘋似的開車回農場，打電話給伊恩問他在哪裡，他說他在利茲沙巴（Litsemba）那區，但我卻看到一團濃

煙密布的火焰，著火的大綑乾草堆開始滾下山坡。伊恩從濃煙中走出來，我跳下車，他則跳上車開下山，隨後克洛伊從濃煙中走出來，她說她不曉得史賓賽在哪裡。史賓賽和安德魯出現在路的另一側，他說：「媽，這裡沒人可以負責。」我說：「就是你啊。」

　　現在回想，我真是一個失職的母親，為什麼要求兒子應該要為這場大火負責呢？伊恩下山時遇見濃煙，看不清眼前的路，轉而開向另一邊，當他到達足球場時，他看見一群人躲在木製舞台下方，那個舞台是為了慶祝活動最後一天的表演「山間的音樂」而搭建。火舌朝著舞台竄去，濃煙層層包圍住舞台，他們無處可逃。伊恩停下車，鎮定的問大家還好嗎？要不要我載你們？問完後，我們的小孩、他們的朋友和五位史瓦帝尼人跳上車，伊恩將他們載往安全的地方。

　　接下來幾個小時，火勢越來越猛烈，接近建築物不到一呎時，風又突然將火勢吹向反方向。來自農場的組長和數十位史瓦帝尼人一天跑好幾英里，全力滅火，沒吃東西也沒休息。我們其實有可以撲滅小火的550加侖水車、幫浦和水管。但載水車的拖車那天爆胎，沒有人會修理，因此大家只能拿著樹枝滅火。

　　我相信我們還有另一個天使般的守護者，站在每棟建築物前，當有火勢靠近時，就把火吹走。火勢在幼童園區附近燃燒，再蔓延到學校，接著和從山坡衝下的火勢結合，40呎高的火焰，直衝天際。整座山陷入火海，我們能

做的就是繼續疏散人群。我快速開到庫特沙拉手藝坊，疏散還留在那裡的人。接著我開往診所，想將卡車裝滿水，分給在濃煙和大火中的人。當我抵達診所時，發現火勢迅速猛烈朝診所蔓延，我連忙跑進去檢查有沒有人在裡面，我訝異發現馬克·麥奇（Mark McGee）和史都華·特寇伊（Stuart Coe）醫生還在裡面認眞工作，身邊滿是飄落的煙灰。他們完全不知道迦南計畫失火了，而且火勢直逼診所門口，他們全心全意照料病人的口腔衛生令人動容。我再開車回庫特沙拉手藝坊，確保大家都出來了。

　　我觀察到史瓦帝尼人在緊急事件中行動非但不快速，甚至會慢下來。可能是因爲我說得太快，同時下太多指令，所以他們無法跟上。一整天下來，我們靠著車子運送人員幫忙滅火、疏散到安全地方。

　　此時，馬克·麥奇醫生和來自美國辦公室的莎拉·溫德漢（Sarah Windham）在我車上，火勢猛烈的朝庫特沙拉手藝坊蔓延。庫特沙拉手藝坊旁邊有一間爲了紀念我未曾謀面生父的小教堂。史賓賽到農場管理員宿舍，想拿水管在屋頂上面沖水，以免火勢蔓延到屋頂，但是水管太小，接口和洗手台對不上，而且水壓太低。緊接著我看到一塊著火的木塊從烈火中飛出，距離庫特沙拉手藝坊不到一百呎，就在火勢和小教堂中間，木塊宛如長了翅膀一樣，飛越庫特沙拉手藝坊，它直直落在小教堂的茅草屋頂。小教堂裡面和周圍都是人，他們準備在屋頂上沖水。我瘋狂放聲大喊，要所有人離開小教堂，莎拉則是冷靜的

告訴大家搬走木製長椅、講道壇和紀念牌匾，放上小教堂前的卡車，我不知道卡車爲何會出現在那裡。

　　我們往後站，眼睜睜看著茅草屋頂陷入火海，我從來沒聽過火焰和濃煙的咆哮聲。我開啓臉書直播已經30分鐘，我不確定我們所有人會不會活下來，也沒有時間打電話給別人告知這裡發生的事情。我們束手無策，我只想讓世界看到我們目前面臨的困境，他們可以爲我們祈禱。麥奇醫生有高超的攝影技術，當小教堂屋頂開始著火時，我靠著窗戶，請他拍下小教堂失火的照片。不到幾分鐘，小教堂被燒得精光。屋頂倒塌後，支撐巨大重量的木柱也開始燒起來，隨後就變成一片燒黑的斷垣殘壁。我哭了，剛好克洛伊從另一台車上下來，她和我一起哭泣，只能看著火勢吞滅教堂。

　　幾週後，在非洲之心的董事會上，羅伯特・荷馬斯（Robert Holmes）說了一句影響深遠的話：「上帝會不會犧牲祂的房子，讓其他人活下來？」我們都很慶幸，除了小教堂，上帝保護了其他建築物。那天，我和伊恩互相報平安，我們開不同的車進行不同的任務，伊恩到處查看哪裡的火勢被控制住、哪裡沒有、哪裡需要被控制，我們已經有數年分工合作的經驗，包括在加拿大歐尼斯（ONYX）行銷集團的12年、以及在非洲之心的15年，我們知道彼此的思考模式、工作方式和狀態。我大部分的時間在關心、疏散、遞水給別人。伊恩開著「行動救火指令車」，隨時和負責農場不同區域的人聯絡，當他們滅掉一

處的火，會繼續查看哪裡有冒煙的跡象，然後繼續穿越濃密的草叢，一發現大火，立刻呼叫小隊前去支援、滅火。

那天其中一個重要的時刻是，Nkonyeni高爾夫球場的員工在我們的前門出現，包括球場的經理雷恩（Ryan）和提供我們志工早餐服務的服務生，他們指導我們組成一組一組，在主要道路每50呎守著。史賓賽載著庫特沙拉手藝坊的工匠，沿路將他們安排到固定的位置。之後球場團隊沿著主要道路，點燃小火，希望迦南計畫園區和山丘蔓延的兩個火勢能夠相遇，就能撲滅大火。如果這個計畫行不通，其他鄰近的農場和高爾夫球場也會面臨祝融威脅。負責守住主要道路的人要確保火勢不會越過道路，他們拿著樹枝和一瓶水，保持警戒的站崗。幾個小時後，他們成功了。兩個火勢相遇，最後燃燒殆盡。

然而，火勢重新蔓延到迦南計畫裡面的志工宿舍，接著火勢撲向孩童之家的園區。那裡住有150多位3到8歲的小孩，我跟伊恩說我需要15分鐘的時間疏散小孩。大家都高度警戒。火焰再次越過火障，繼續往前蔓延，現在我們得要與火焰賽跑，才能將孩子帶出來。

稍早，我打電話給長期志工計畫的總監布萊恩・索格摩頓（Bryant Throgmorton）和幾位管理員，請他們做好萬一發生必要疏散計畫的準備。一個小時後，我打電話下令立即疏散，並且指示他們將較小的孩子載上車，比較大的孩子則要衝向牧場。我請他們不要讓孩子驚恐，但行動要迅速。我開向依梅瑟尼園區，年紀最大的孩子穿越黑色

的煙霧，跑過水庫，接著跑到牧場。布萊恩親自進到每一棟建築，確定每個孩子都跑出來了，濃煙竄進屋子裡，每間房間的火災警報器大響，像是由音準跑掉的樂器共同演奏糟糕透頂的交響樂。火勢在早晨被撲滅後，所有嬰兒重新回到愛羅伊之家，不過火苗開始朝著嬰兒之家燃燒。我們再次將40位嬰兒疏散到孩童之家，並將所有車輛開到附近，鑰匙就插在車上，預防還有下一波疏散行動。

在這場看似可能摧毀迦南計畫的猛烈野火爆發時，我們將90幾個嬰兒和孩童安置在哪裡呢？學校那區是唯一的選擇，因為那裡位於山頂，而且已經燒個精光，我們先派人將所有教室的門打開。尿布、濕紙巾、衣服、毛毯、奶瓶和奶粉也都帶去。

我們當天打給消防隊的電話都沒有回應，警察過來告知，消防隊已經在路上，卻不見他們的蹤影。我們與突然出現在園區門口、想要了解情況的警察和媒體，禮貌的溝通一番，我和伊恩前往牧場，了解年紀較大的孩子在那邊的情況，向他們保證一切沒事。當我們到達牧場時，轉身往後望向山上，只看到一團煙霧和吞噬整座山的火焰，看不見我們的家、小孩的家、學校。我們前去關心小孩，並且感謝他們如此配合，小孩對我說了我一輩子都不會忘記的話。蘿絲（Ruth）看著我說：「珍妮媽媽，誰會來保護我們？」我回答：「爸爸和我會保護你，但其實是耶穌在保護我們大家。」她同意這個回答並走掉。接著另一個小孩班（Ben）問我：「媽媽，我們四點的時候還吃得到冰

淇淋嗎？」房子可能燒光，還可能準時吃冰淇淋嗎？我說：「班，可能吃不到了。」他聳聳肩說道：「好吧，或許要等到明天。」便走開。

這些小孩顯然沒有受到過度驚嚇，我們的員工很擔心，也不確定接下來可能發生的事，但他們鎮定的表現讓孩子感到安全和安心。如果媽媽爸爸阿姨和叔叔都不害怕，小孩便不會害怕。那天就像往常在迦南計畫的生活，充滿希望和安全。

七月過來的志工會協助我們舉辦「迦南營隊」（Camp Canaan），那像是一個給孩童的聖經學校。我們特別設計專屬的寵物動物園、農場，讓小孩接觸更多動物。那週，布萊恩已經規劃好寵物動物園，位於嬰兒之家和孩童之家中間的草地，小孩很愛手捧著一天大的小雞、近距離觀察猴子、摸摸小動物，那幾天很美妙，我認為這會成為每個孩子印象最深刻的時光。火災那天，當我們抵達牧場關心，有一個孩子跑過來，第一件事情就是問小雞還好嗎？我問說小雞在哪裡，原本以為所有動物在寵物動物園結束後，會安全的回到自己的家。結果小孩告訴我小雞在依梅瑟尼四號園區的男生宿舍，我不想說謊，因為我不曉得依梅瑟尼四號園區有沒有被燒毀。但我告訴小孩，我希望小雞平安無事，我也會找出牠們。小孩如此關心上帝所造的動物生命，讓我十分感動。

火災那週有100多位來自世界各地的志工，火災發生時他們在哪裡？幸好他們全都不在迦南計畫園區，而是和

我們教堂的夥伴一起出去供餐給小孩、幫小孩健檢。對我們而言，這是上帝的恩賜，這些志工能幫助我們的教堂合作夥伴，而非遭到野火攻擊。事實上，許多人直到開著廂型車回到旅館吃晚餐，才知道發生大火。

前任董事會主席蘇珊·佩吉（Susan Page）告訴我，團隊當時在距離迦南計畫很遠的一間教堂，是回程的路上司機告知，他們才知道發生大火。當司機從迦南計畫的同事聽到大火消息時，她尖叫：「天呀！真的嗎？」開下山的過程十分驚悚，看到大火在身邊繞成一圈。蘇珊和其他人在好幾個月後才告訴我這些事。

天黑前，大部分火勢已經被撲滅。我們用卡車將孩子從牧場送回依梅瑟尼園區，將嬰兒從孩童之家帶回愛羅伊之家，然後我們走回山頂上的家。丹尼斯和他帶領的團隊還在努力滅火，由於火勢朝著農場蔓延，但我們已經筋疲力竭，有人一整天沒吃任何食物。我走進浴室，癱坐在地上，直接倒在前一天留下又髒又臭的衣服堆上，隨後淚水便潰堤不止，伊恩進到浴室，安靜的坐在我身旁，克洛伊過來，坐在門檻上，史賓賽在她旁邊。

我們全身上下滿是髒兮兮的灰塵，還吸入超過人體健康範圍的煙和煤灰。我們累壞了，又哭又笑，之後起身回到各自的房間洗澡。洗完澡後，伊恩調了杯我喝過最好喝的瑪格麗特，我們坐在床上，看向外頭漆黑的夜空，看著橘紅色的火焰朝著農場蔓延。我們一動也不動，我們什麼都沒了，希望火勢燒到農地之前就會自己燃燒殆盡而熄

滅，希望火焰不會燒毀所有的灌溉管線。伊恩的手機響起，是提姆打過來的，他一整天都和我們一起滅火，現在仍在與火勢搏鬥。他問我們會不會下去農場幫忙滅火，伊恩告訴他：「我們家人累壞了，無法過去。」

史賓賽和安德魯需要完成最後一件事，就是替水車的幫浦添加汽油，水車已經放到換好輪胎的拖車上。他們弄完水車後，就回家洗熱水澡。丹尼斯、提姆以及團隊很聰明，他們打開灌溉管線，防止它們被燒毀，並且讓火勢轉向與管線位置相反的方向。

歷經40個小時後，大火終於撲滅。距離溫室只有40呎，距離5,000隻下蛋的母雞則只有20呎。雖然火災嚴重損害農場和圍籬，幸運的是全部65棟建築物只有小教堂被燒毀。

親身經歷2019年大火的人不會忘記園區被破壞的程度，他們也不會忘記破壞之後隨之而來的保護與和平。上帝總是與我們同在，祂從未離我們而去，也沒有拋棄我們。大火撲滅後數週，有位德州女士看到我在部落格上分享重建教堂、並擴增兩倍大教堂的願望，需要大約四萬美金經費。這個故事感動了她，當天就將那筆經費的支票寄給我。教堂的興建工程在下一週開始動工，幾個月內，新教堂就蓋好了。

一年後，在2020年7月19日，我們重聚一堂，感謝上帝為我們所做的一切。小孩表演史瓦帝尼的歌曲，伊恩將新教堂獻給上帝，第一個到迦南計畫的小孩約書亞負責剪

綵。之後,我們將所有小孩帶到教堂外,想給他們一個**驚喜**。伊恩在教堂的屋頂裝上灑水系統,下一次若發生火災,我們可以扳開灑水器的開關,淋濕茅草屋頂。打開灑水器,小孩開心尖叫,在水中跳舞、奔跑。我開臉書直播,讓世界各地的朋友和我們一起慶祝,有越來越多水坑,以及更多小孩加入玩水的行列,當天的慶祝以此活動畫下圓滿的句點,和去年完全不同。

　　傍晚,我坐在露台,反思著上帝過去一年幫助我們完成的事情。當我開始看臉書貼文的留言時,有人留言告訴我,教堂屋頂灑水很像是在幫教堂本身受洗,我朋友大衛・布萊恩(David Bryant)留言說:「孩子在教堂周圍行走,讓我想起約書亞走在耶利哥城牆附近。上帝擊潰敵人,使我們內心恐懼的高牆倒塌,將去年大火的痛苦回憶,轉化成勝利。」

　　耶穌並沒有犧牲祂自己的房子來拯救其他棟建築物,而是使燒毀的教堂重新建立代表祂的光榮。這對我的人生意義重大,謝謝上帝的愛和眷顧。

第十章　天使在人間

當伊恩還是小男孩時，有天早上，他醒來躺在床上，聽到父母坐在床邊談他，他緊閉眼睛裝睡，他無法聽清楚每一句話，其中有個聽起來不像是父母的聲音，而且很小聲，伊恩需要費力才能聽到，他聽到其中一個人告訴另外一個人：「這個小孩會很難管，我們要多注意他。」

他們真的在談論我嗎？伊恩張開眼睛，坐起身想要問他們說這話是什麼意思？地下室的窗戶透出光線，房間並不是全黑，當他坐起身，那兩個人卻不見了，他跑向門，門是關著的，他認為他們已經快跑到走廊，但是走廊上沒有他們的蹤影。伊恩跑上樓，穿越整個房子來到他父母的臥室，卻發現他們倆還在睡覺。

他當下知道兩個天使來看他，他確實聽到祂們的聲音，也感覺到祂們坐在床邊、以及站起。伊恩並沒有告訴許多人這個故事，因為並非所有人都相信天使。

史賓賽剛出生時，我們第一次帶他到渥太華參加家族聚會。車程五個小時，是一個溫暖舒服的七月天，中途停在高速公路的休息站，要幫史賓賽在尿布台上換尿布。我

經過女廁外長長的人龍，大概有25個人在排隊。當我開始脫下史賓賽的衣服，一個女人快速走向我，並將手放在寶寶身上，問我能否為寶寶祈禱。

我對陌生人觸碰寶寶的行為大吃一驚，但還是答應她，那個女人為史賓賽的生命祈禱，希望他在年輕的時候就能認識上帝，之後她便離開，走進廁所。我很震驚，迅速幫史賓賽換完尿布，衝到外面發現伊恩在等我們，我告訴他剛發生的事情。那個女人是誰，為什麼她要在公共廁所做這麼不尋常的事，因此我們站在廁所門外，等她出來。

排隊人龍逐漸減少，我將史賓賽交給伊恩，進到廁所去找那個女人，但她不見了。女廁沒有其他出口，每間廁所都是空的，但她並沒有從我等待的那個門走出來。我看著伊恩，我們同時問彼此：「你覺得她是天使嗎？」

我相信地球存在天使，也相信守護天使的存在，我不曉得是不是每個人都有守護天使，但我總覺得有人站在身旁保護我。特別當我在肯亞的貧民窟、馬拉威的村落、紐約字母城（Alphabet City）低俗的酒吧時，我感受到來自天堂的保護。自從我在史瓦帝尼工作，我有相同感受。

我記得接到社工打來的電話，告訴我他們在茅坑發現一個寶寶，並將她送醫，當我到醫院接寶寶時，社工叫住我，跟我說關於寶寶的故事。社工在調查過程中發現寶寶的母親是位年輕媽媽，那個女孩聽聞寶寶被發現時還活著後，感到很震驚，她在五天前就生下寶寶，然後用毯子包

住寶寶，丟入糞坑。但是毯子無法阻隔排泄物釋放的氣體，也無法避免寶寶因脫水、缺乏食物可能造成的死亡。

　　她在那五天如何存活下來？我立刻想到一個美麗的畫面：我看到守護天使坐在排泄物中，將寶寶抱在懷裡，保護她免於傷害，並唱歌祈求天父看顧這個寶寶。寶寶這五天來安靜平和的在睡覺。等到她終於要離開這裡時，天使讓她放聲大哭，讓上廁所的人聽見，人們通報警察，警察得知有棄嬰，並將寶寶送醫。

　　每次看那個小孩跑向我要抱抱時，我腦海中都會浮現這個畫面。

　　又有一次，我開車經過馬威拉威拉女子監獄，看到新聞標題寫著「囚犯生小孩，試圖殺死寶寶」，我很震驚，我馬上打電話給在監獄工作的社工，詢問是否有我可以幫忙的地方。她說：「有，拜託帶走這個寶寶。」我將車子開回監獄，辦理領養小孩的程序，包括繳交我的身分證、拿下身上的首飾和手錶、手機等，走向監獄長的辦公室，我在那裡第一次遇見名為姆芭莉（Mbali）的寶寶，坐在地上的女人昨天才生下寶寶。監獄不知道她入獄時已經懷有身孕，生產前整晚都在工作，她在大家都去吃早餐時生下寶寶。她將寶寶勒死，在寶寶的脖子上留下指痕，寶寶停止呼吸時，她將寶寶丟入廁所的垃圾桶，並用垃圾把她蓋起來。

　　然後就去吃早餐，因為胎盤還在體內，因此不斷流血，另外一名囚犯通報獄卒。獄卒指控她墮胎的犯罪行

為，她哭著否認，周圍的人交相指責她，後來她帶他們去垃圾桶看死去的嬰兒。

　　監獄的護理師趕來替寶寶做人工呼吸，突然，**寶寶倒抽一口氣，活了過來。寶寶藍灰色的皮膚開始轉成粉紅色，隨後睜開眼睛，她還活著。**

　　她奇蹟似的從悲劇中生還。這個寶寶究竟如何重生的？當時有守護天使在垃圾桶旁邊嗎？當天嬰兒就和我回家，而母親繼續待在監獄。

　　姆芭莉現在是個健康的六歲小孩，她很聰明，也沒有出現因缺氧造成的發育遲緩，脖子上的指甲痕仍清晰可見，只有少數人知道她這段過去的經歷。每當我看到她，心中總是充滿感激。

　　最近，我們教導年紀比較大的孩子如何做決定，決定的好壞，對往後的影響很大。我和伊恩高中的校長告訴我們：每天早上醒來時，可以選擇想要好心情或壞心情；如果我們沒有選擇，就是給別人影響自己當天心情的機會。對伊恩而言，這是人生中很重要的啟示，也幫助他每天早上都選擇好心情。

　　我知道有個每天早上起床，都選擇要擁有好心情的小女孩叫喬伊（Joy），才出生幾天就被這裡很常見的「Lubane」嚴重燒傷。

　　史瓦帝尼刊物《觀察家》（The Swazi Observer）2018年7月號提到：「史瓦濟蘭傳統醫療協會認為，『Lubane』是起火點不明的火，和黑魔法的使用有關，

『Lubane』目的是傷害參與其中的人，如果沒有好好使用，通常會導致死亡。會有人將燃燒的死者舉起來，並將他們視爲法力強大的縱火者，只要被他們觸碰到的東西就會著火。」

沒有人知道那場神祕大火爲何會發生，喬伊的臉受到三度燒傷，失去鼻子、嘴唇和一隻耳朵、眼睛，頭上長不出頭髮。喬伊不見了一片應該可以保護她頭部主要動脈的頭蓋骨，因此可以看到頭部皮膚下的血管。史瓦濟蘭無法治療她的燒傷，只能在偏僻農村的家中受苦。

喬伊的爸爸在坐牢，媽媽則是要到遠方工作養家，喬伊由祖母和曾祖母扶養。喬伊每天起床都帶著愉悅的心情去取木柴，生火煮玉米糊，甚至到據說有許多孩子會消失的河流提水。喬伊無法走路，只能用跳的，在路上遇到人時，會微笑以對，因爲她沒有嘴唇，所以別人無法看到她在微笑；但路人看到的是一個開心、活潑的小女孩，還有僅存的單眼散發的微笑。當喬伊到了入學的年紀，她非常興奮，因爲可以認識新朋友，但祖母和曾祖母則非常擔心其他小孩不能接受喬伊、甚至害怕或欺負她。喬伊和哥哥姊姊一起去上學，同學對顏面嚴重變形的喬伊非常殘忍，即便他們稱她爲動物，對她口出惡言，她仍保持喜悅，試著展現她只是一個正常可愛的女孩。

有一天，一群孩子包圍她，並攻擊她，喬伊的姊姊一如往常站出來保護她，但喬伊的食指被折斷、手肘也骨折。祖母認爲學校不安全，老師也不願意保護她，之後，

喬伊再也沒有回到學校。一位社工流淚打電話給我，我才知道喬伊的故事。這位社工曾在男子監獄工作，有一位囚犯拜託她回家看看八歲的女兒，他說他女兒臉上有幾處燒傷，需要有人照顧。幾週後，社工有機會到他們家訪視，之後便打電話向我求救。她說會用WhatsApp傳照片給我，但要我等到早上精神比較好時再看，我按照她的指示去做。隔天點開照片時，我驚呆了，無法相信這些發生在她身上的事情，為什麼她這八年來從未接受任何幫助？

我和伊恩每天都會遇到許多挑戰，許多時候我們感到無能為力。有很多人需要幫助，很多人生病，很多小孩挨餓，許多人受盡病痛和折磨，我們不可能幫助每一個人。然而，我不能接受看到這個小孩受如此巨大的痛苦，我希望我能幫助她。

要幫助喬伊有很多挑戰，首先，我們有不接受超過24個月小孩的規定，喬伊比我們年紀最大的孩子還要大，我們不能破例收她。第二，她需要接受好幾年費用昂貴的臉部重整手術，外加心理輔導和特殊教育等。我們向上帝禱告，請求祂指引我們方向。我馬上聯絡在全球醫療救援基金的朋友，他們曾經出力幫助芭芭拉。他們回覆說願意幫忙，並說最好的整容外科醫生在波士頓的施納斯兒童醫院（Shriners Hospital）。「我們需要做的是找到一個在波士頓的接待家庭，可以照顧喬伊，還有一位陪伴她到美國並照顧她的志工，喬伊家沒有人有辦法跟她去美國。」這真是一個大難題。

我只認識住在波士頓的一家人，我寄了一封含蓄隱晦的信給他們，想和他們視訊。容我姑且擱置中間發生許多不可思議的細節。總之，艾琳和喬・哈伯洛（Eileen and Joe Habelow）歡迎喬伊長期住進他們家，而他們的生活也被這位選擇以好心情面對生活的小女孩改變了。

下一步是要找到能夠和喬伊一起到美國的人，除了處理護照、拿到美國簽證，喬伊還要有足夠的體力、做好到美國接受大手術並且和陌生人一起住的心理準備。我和兒童之家的管理員、園區的護理師一起討論，試圖想出一個可行的方案。

於是，我詢問一位剛從大學畢業，在我們前台工作，聰明的史瓦帝尼女子諾汪姐（Nokwanda）。問她願不願意護送喬伊到美國，諾汪姐從來沒有去過美國，也沒坐過飛機，這趟旅程對她和喬伊充滿許多「第一次」，但她毫不遲疑就答應了。計畫成行。

經過漫長的祈禱和討論，團隊成員決定將喬伊帶回迦南計畫，在她到波士頓接受三個月手術前先適應一下「西方生活」，她需要學習使用沖水式馬桶，而非戶外茅坑或叢林，她需要學習睡在床上，而非和祖母、曾祖母、哥哥姊姊一起睡在地板上的毯子，她需要學習開關燈，因為他們家沒有供電，並學習和不是家人的人住在一起。我們也希望她的體重能增加，為往後的手術做準備，她祖母告訴我們喬伊總是抱怨肚子餓，因為家裡沒有什麼東西可以給她吃。她也不會說英文，所以我們要加強她的語言能力。

我們同時也擔心，如何將這個臉部變形的小孩帶進迦南計畫，而不嚇到園區內其他小孩。

為此，我們開始告訴園區小孩有位女生嚴重燒傷，大家每天晚上一起幫她祈禱，一週後，給他們看喬伊的照片，並將照片掛在客廳，讓年紀比較大的孩子替她禱告。那週，有幾個小孩跑來問我，喬伊是否可以過來和他們一起住。

隔週，我們決定讓喬伊搬來她臨時的住所，我們非常感動許多小孩如此關心喬伊，他們甚至會問：「為什麼珍妮媽媽不能幫助喬伊？」適逢雨季，我們找不到路可以抵達他們家，幸好在中途遇見喬伊和她祖母。她們早上五點半就從茅草屋出發，走了兩個小時才和我們相遇。當時她們躲在樹蔭下，避開攝氏40度的溽暑。

祖母搖搖喬伊的手，沒有擁抱也沒有淚水，就是一聲再見。喬伊上車，看著車上陌生的面孔，她知道要幾個月後她才能回家。當我們到達年紀比較大的女孩住的依梅瑟尼三號園區時，有六個女孩出來迎接她。我們事先幫喬伊準備巧克力送給大家當見面禮，大部分女孩表現得很大方，只有幾個人比較害羞。那天天氣很熱，我們打開灑水器，喬伊穿上她人生第一件泳衣，不到幾分鐘，所有女孩以喬伊為中心繞著灑水器玩耍。一直到晚上，大家和這位新朋友相處融洽，有位阿姨問喬伊她會不會難過或害怕，她回答：「不，我很好，我現在有很多新的女生朋友。」即使會對新環境害怕，她依舊選擇用喜悅的心情面對。

　　諾汪姐在過去這兩年陪喬伊在波士頓，接受手術治療，因為新冠肺炎的關係，她們沒辦法回到史瓦帝尼。後來哈伯洛一家人搬到佛羅里達州，喬伊則搬到喬治亞州，利用手術期間的空檔上學，每個月住在不同的寄宿家庭中。最後，她們搭上一班撤回史瓦帝尼的班機，比預計回國的時間晚了八個月。

　　喬伊將喜悅散播到她所到訪的城市和她所遇見的人，我們看著她跳進醫院，接受早期施行顱骨成形術時，唱著《冰雪奇緣》的歌，可以從固定器看到她新的嘴唇露出。她在飯前飯後都會說「謝謝」。我不曉得上帝對這個孩子有什麼計畫，但我很高興能夠成為她人生的一部分。

　　喬伊成為迦南計畫特殊的「寄宿生」，從她第一天抵達迦南計畫，就持續為我們的家和學校帶來喜悅。我時常納悶她是不是我們身邊的天使，因為她沒有任何缺點。

　　希伯來書13章1到2節：「你們務要常存弟兄相愛的心。不可忘記用愛心接待客旅；因為曾有接待客旅的，不知不覺就接待了天使。」當我讀到這段經文，時常停下來思索，想想身邊可能有人就是天使。當下不一定有著天使般笑容的小女孩或小男孩對你微笑，或是和藹的老人給予你建議或握著你的手，也有可能在監獄欄杆後那雙與你對視的眼神，或是跌落在酒吧門口的人。

　　有一天，社工帶一個醫院無法治療，明顯生重病的寶寶到迦南計畫。整件事充滿謎團，寶寶無法接受「健保系統」的醫療服務。這個15個月大的寶寶一直在受苦，不斷

在醫院進出，若留在家裡會餓死。

　　我們稱他為艾維斯（Elvis），他是一位女人的第八個小孩。女人原本和丈夫一起住，後來丈夫離開她，夫家把她和其他八個小孩都趕走，女人孤苦無依。艾維斯很虛弱，無法抬起頭，甚至無法睜開眼睛。她帶著寶寶走了12.5英里去找社工求助。

　　我們看見艾維斯時，他罹患幼兒蛋白質缺乏症，嚴重營養不良。因為有液體累積在體內，使他又肥又腫。他的器官承受壓力，特別是肝臟和心臟。他的手腳發燙到難以觸摸，但沒有發燒。安東尼護理師幫他做了全面檢查，找到許多問題，包括他的皮膚因為水腫產生許多裂痕，他的牙齒很爛、發育不好，他也有尿布疹、嚴重的鵝口瘡，全身一碰就會痛。

　　詢問小兒科醫生和愛滋病、肺結核和營養不良專家的意見，決定晚上將他留在身邊，早上再帶他去看醫生。至少他晚上會得到我們給予最大的愛。

　　我們調配專門給嚴重營養不良的小孩喝的奶粉（F75），慢慢餵他。他幾個小時都沒有排尿排便，接著他開始嘔吐，清晨時分，他呼吸變得很淺，我們趕緊將他送到公立醫院，我像瘋子一樣飆車，安東尼在後座抱著寶寶，深怕我們會在途中失去他。

　　有一隊來自美國的急診科醫生，正在史瓦帝尼進行急診醫療訓練，在艾維斯抵達前，「剛好」來迦南計畫參訪。我打電話給他們，說明一個寶寶情況危急，他們立刻

跳上車，從旅館開了三十五分鐘到醫院急診室幫忙。急診室的醫生和護理師看到這群外國人接手處理時馬上退開，他們快速的在艾維斯的大腿骨上打上骨內針，情況馬上好轉，史瓦帝尼的護理師從沒看過這種治療。但一個小時後，艾維斯的情況又惡化。

我們在公立醫院的急診室待了四個小時，艾維斯急需呼吸器和其他醫療設備，公立醫院沒有這些東西。我打電話給私立醫院，詢問我們是否可以將這個瀕死的寶寶轉送過去，醫生答應了，並說加護病房的團隊會在醫院待命。

因為寶寶還不能正式出院，因此我們向安東尼解釋，若我們遇上麻煩，他要用史瓦語向對方解釋。我快速的開車到救護車入口，打電話給安東尼，叫團隊成員趕快離開。除了供氧的面罩和袋子，美國醫生和護理師拔下插在艾維斯身上的所有醫療設備，抱起臉色發紫的寶寶，快速往外跑，跳上我的車子後座。院內的護理師，大聲呼喊說他們偷竊，安東尼則在一旁向他們保證，我們會歸還「借出去」的東西。車子的後座，有一個醫生用人工方式擠壓供氧的袋子，一名護理師在旁照顧艾維斯，我們快速開到位於曼齊尼市中心的醫院，希望奇蹟出現，讓寶寶活下去。

我們到達醫院時，加護病房的團隊已經待命，他們馬上將寶寶送進加護病房。四位美國的醫生和護理師加上四位史瓦帝尼的醫生和護理師，一起拯救艾維斯的生命，他們花了五十分鐘幫他插管，用機器協助他呼吸。

　　我們筋疲力竭回家，祈禱艾維斯能夠撐過今晚和未來的戰鬥，我們感謝上帝讓我們在急需支援時，遇見那群急診室醫生和護理師。

　　晚上10點10分，我收到艾維斯死亡的電話通知。我們為他哭泣，雖然只有與他相遇短短30小時，但他就像是我們的孩子，在我們還沒能互相多了解一點前，他就離我們而去。我知道他人生中最後30個小時得到滿滿的愛，並且有一群人在這永生難忘的30小時內，經歷了足以改變他們人生的經驗。我們在不知不覺間用愛心接待天使嗎？對此我們並不知道。艾維斯來到我們身邊有其他原因嗎？

　　兩週後，艾維斯40多歲的媽媽生下第九個孩子，她詢問是否能將剛出生的寶寶交給我們照顧，她知道她沒有能力照顧寶寶，又希望寶寶可以活下去。要將新生兒交給前一位寶寶過世時在她身邊的人，當然會猶豫。艾維斯母親是高風險產婦，又住在偏僻的叢林，生小孩如果沒辦法立刻找到遮蔽處或醫療設施，情況會很危險。因此，我們事先將她送進另一間公立醫院待產，我們和那邊婦產科醫生、護理師和社工的關係很好，一起合力救過許多生命。他們同意讓她在醫院休息，從失去寶寶的痛苦中平復，並準備迎接下一個寶寶到來。原本預計要自然產，但情況突然惡化，醫生實施緊急剖腹產。若她待在家中生產，母親和寶寶都無法活命。

　　艾維斯最終回到上帝的懷抱，他的弟弟在出生後幾小時，便來到迦南計畫，現在是一個快樂健康的小男孩。我

還可以寫更多關於天使出現在我們身邊的故事、我親眼見證的奇蹟和可以讓原本不相信的人相信的故事，但我更應該要寫下在開發中國家經營非營利組織的黑暗面。我在第四章提過：萬事皆難，但最困難的部分絕非死亡或疾病，也不是忽視怠慢或文盲，更非一路上的挫折與失敗，而是背叛。

　　難過的是，我們必須習慣背叛這件事。我們很早就學到在開發中國家生活，要非常注意自己的貴重物品，因為好的相機、手機、刮鬍刀和乳液，對那些每天只靠一美元過活的人們非常具誘惑力。我們的行李箱、背包、旅館房間甚至車上的東西都被偷過，幾年前，我們在史瓦帝尼的家還被洗劫。我們的筆電和平板都被偷走，還有一個老舊的粉紅色背包，他們也從食品儲存櫃偷走一把糖果，他們到處尋找現金，嚴重破壞我們的門和窗戶。闖空門事件發生時，我們在迦南計畫的孩童教堂。這很明顯有內鬼串通，只有親近的員工知道我們的行蹤，什麼時候在哪裡、什麼時候回家。有兩名志工看到我們非常信任的員工，在活動過程中開車上山，往我們家的方向前進，他們當下覺得奇怪，闖空門事件一傳開，志工馬上告訴我們發現的事。然而我們要如何相信那個人參與偷竊？是真的嗎？

　　過去這幾年，沿著草地上的拖曳痕跡，我們抓到有人偷走發電機，也發現迦南計畫園區的電視出現在社區居民的家中，甚至抓到有人偷走牧場的飼料想要拿回家餵自己的牛隻。最令人絕望的是，偷東西的人竟然是和我們最親

近的員工，他們擁有最高的薪水。有一名管理員甚至捏造至少14名員工的名字，一年多來將那些人每個月的薪水占為己有，他至少犯下5,000宗以上的詐欺罪。我們失望透頂，不敢相信我們如此信任的人竟然會背叛我們。伊恩比我更會調適心情，他提醒我那個男人並不是從我們身上偷東西，而是偷走耶穌的東西，而耶穌每天都有看到。一連好幾個月，伊恩的智慧給我很大的動力和穩定的力量，他真的是指引我的掌舵手。

還有一名管理員，將一個工程結束後剩餘的建築材料賣給或分給別人，和另一名管理員中飽私囊。此外更有一名資深的員工與另一名員工串通，從孩童園區的餐廳偷食物和補給品。

有一名工程管理員在我們這裡工作7年，負責和當地的零售商談生意，他請其中一位供應商以少報多，這樣他就可以吞下多餘的金額。當然他失去工作和人生，也會面臨刑責，和我們工作七年後，可能入監服刑。

我們最信任的人竟然背叛我們偷竊，做到彼此信任和尊重真的很難。有些孩童之家晚上下班時，還對每位員工搜身，因為有太多食物被偷走了。有位女士將一大塊臘肉藏在裙子底下，證據確鑿，但她說家中的孩子快餓死，不得已將孤兒院的食物偷回家。

經歷上述類似的故事，我們知道必須做兩件事。第一，確保我們員工的家庭有足夠的食物，這樣他們就不必為了家中小孩，在園區偷食物。第二，我們設立警衛檢查

離開園區的人的背包和身體。我們重整組織，政策實施的效果都還算成功，我們還是需要信任別人，但是有些人仍舊會讓我們失望。

史賓賽和克洛伊也曾遭背叛而心碎，史賓賽與人互動的方式就此改變。我毫無保留的信任他人，但若遭遇背叛，我就不再信任他們。史賓賽為了不讓自己遭遇背叛而受傷，別人需要先贏得他的信任，他才會進而相信他們。

我也必須驕傲且大聲的說，我們有許多值得信賴的員工。我們同時也知道，這個國家需要這些小孩來改變。我們教導他們要說實話，讓他們了解說謊會摧毀一段關係，擁有健康的關係有助人生的成就。

我知道我們身邊有天使的存在，如果他們也這麼相信著，就不會做壞事來背叛我們。一切上帝都看在眼裡。

第十一章　爲未來的世代搭造一座橋

當我和伊恩在籌備迦南計畫十週年的慶祝活動，我們發現了一些令人吃驚的事。我們一面回顧這十年發生的點滴，一面計畫未來十年，並發現一些有趣的事。第一個十年，我們在迦南計畫園區中建造道路、電力設備、水源安全、食物生產、貿易系統、診所、行政辦公室、保全組織和增加收入的計畫。除此之外，我們也成立了負責孩童收容數量、孩童發展和成長的部門和系統。我們實現學校的願景，成立第一個四年級的班級。我們仍要繼續每年建造一棟依梅瑟尼園區的宿舍和一個班級。若完成建造工程，依梅瑟尼園區總共會有十三棟宿舍，是一所國中和高中的規模。按照計畫，2029年會有第一批從迦南計畫畢業的十二年級學生，是我們在史瓦帝尼買下這片土地的二十年後。

也就是說從小孩抵達幼童之家，到他在園區完成高中學業。到時候我已經六十五歲，伊恩六十三歲，是該交棒給下一代了。我們還有九年的時間可以繼續教導、訓練和帶領我們的團隊。

退休後我們的計畫是繼續留在迦南計畫的住宅，沐浴

在日出和日落美麗的光景，和孩子同樂，在必要的時候為團隊提供建議。

最近幾年，我們越來越常討論接班人計畫。迦南計畫草創時期，我們不太討論這個問題，但隨著園區規模越來越大，董事會成員經常問說我們離開的話要怎麼辦（他們指的是死亡），誰要來接管？我們完全不知道怎麼回答。首先，誰會想要和我們一樣投入這項瘋狂的計畫？第二，我們那時才正要開始興建基礎設施和一些建築物，別人要如何接手？誰願意接手一切？恐懼和擔憂很真實，如果我和伊恩一起因為空難離世該怎麼辦？

我們想出一個「萬一伊恩和珍妮過世」的周詳計畫，從通知誰開始，建立第一時間通知的摯友和家人的聯絡資訊。接著七天時間，通知政府官員、合作夥伴、供應商和其他需要知道我們離開的重要人物。我們也列出一些基本的治喪原則，我們將葬在迦南計畫。如此一來，可以避免家人、董事會和員工等之間的困惑和衝突，因為我們把願望清楚列出。

接著，我們寫了一個三到六個月的計畫，和六到九個月的計畫，裡面包含那些需在這段時間完成的事情，哪些事情可以慢點做，也有責任的分配、何時需要再招募人力、哪裡需要實施新管理方式等。（寫到這裡，我發現有一份文件需要更新。）

那是一份非常真實的文件，雖然我們不知道誰會在我們離開後接手迦南計畫。我們總是在留意天生有領袖氣質

的人、願意學習的人，他們的可塑性要非常高。我們持續在做領導訓練，但最好的訓練方法是每天帶著他們做基礎工作，從做中學。時候到了放手就不難。許多組織的創辦人在達巔峰後，仍繼續領導組織，這會產生各種問題。關鍵在於，領導者是否和其他人分享這個計畫和願景，並讓其他人想成為組織的一份子。因為現實中，若領導者換人，組織也會改變。但只要核心的願景被擺在第一位，這些改變都沒關係。

誰會在我們退休時「接手」迦南計畫？我們正在訓練下一屆的領導團隊，而他們會繼續教育迦南計畫的孩子，從小培養他們成為這個願景和計畫的守護者和領袖。

迦南計畫的孩子要等到2029年從高中畢業後，才有能力扮演重要的角色，他們從青少年轉變為大人的這段時間需要旁人協助。史賓賽和克洛伊的青少年階段，經歷許多轉折起伏，我們那時候有點讓他們的人生陷入絕境。史賓賽高中畢業時，我們搬到非洲，之後我們飛回美國協助他安頓大學生活，他獨立自主，雖然家人的支持遠在百萬里之外的非洲（網路又慢又弱），他很快的長大適應。克洛伊則是和我們一起搬到史瓦帝尼，就讀當地的私立學校，那段經驗不太好，她在學年中加入一個凝聚力很強的班級。我們每天早上開一個小時的車送她坐上校車，之後她還要花四十五分鐘才能抵達學校；下午放學再重複早上的行程，對任何人而言都是體力、情緒上的折磨，克洛伊沒有休閒娛樂和交朋友的時間。

那個學年底,我們決定做出一個我從未想過的重大決定。每年,我都會在臺灣待上好幾週,四處到學校演講、宣傳我的中文翻譯書。因緣際會,我認識了國際私立基督教學校——臺中馬禮遜學校(Morrison Academy Taichung),他們主要在亞洲教育傳教士的小孩。我每次回家都會對那間學校讚不絕口,有天,克洛伊問她下個學年是否可以轉去馬禮遜學校讀書,我馬上說:「不行。」她說了許多想要到臺灣讀書的原因,但這樣的話會和在美國的史賓賽有十二小時的時差,伊恩也和我一樣持反對意見,克洛伊沒有放棄,問我們能不能為這件事情禱告。

我們禱告後,上帝奇蹟似的開啟一扇門,在一連串不可思議的事情發生後,克洛伊到臺灣就讀十一和十二年級。這個特別的機會在完美的時間點出現,克洛伊在臺灣求學的過程很精彩,我也在馬禮遜學校認識許多好朋友。克洛伊到臺灣讀書對我們影響非常大,也深遠的影響迦南計畫的小孩。

克洛伊從馬禮遜學校畢業後,她選擇到加拿大讀大學,而我們仍在遙遠的非洲,但至少在美國的史賓賽離她稍微近一點。史賓賽和克洛伊表現非常好,他們從小就被迫要做許多大人才需要做的決定。或許我們也是很獨立自主的人,我們擁有的人生經驗或多或少可以教導他們如何面對真實世界。

雖然迦南計畫的小孩在健康快樂的環境下成長,也接受最好的教育,我們還是很擔心他們住在如同一座孤島的

「泡泡」裡面。他們需要比史賓賽和克洛伊更多的協助，以認識世界真實的樣貌。在西方國家，有許多小孩從小被父母呵護，等到上大學後才遭受挫折的重擊。有位朋友告訴我，他和妻子不讓小孩在別人家過夜，他們的兒子上大學後第一次沒和父母一起住，光是這點就讓年輕人壓力很大，他要試著在沒有爸爸媽媽的環境下獨立生活。

在迦南計畫的小孩和其他小孩的成長過程非常不同，我們要如何培養他們有能力在史瓦帝尼生活？他們是史瓦帝尼小孩，但在成長過程中會受到許多文化的影響。第一個孩子約書亞來到迦南計畫時，我便開始思考這個問題，在其他照護機構長大的小孩，他們後來的生活很悲慘。這些青少年尚未準備好面對真實的世界，他們也沒有支持系統，一個人十八歲的大腦還沒完全發展成形。

我持續禱告，也和很多長期經營孩童之家的人聊這個問題，青少年離開組織後的遭遇令他們心疼。但沒有人想出更好的解決方式，協助這群特殊孩子邁向人生下一個階段。

我們最大的孩子現在只有9歲，這點讓我寬慰不少，但我也提醒自己「只剩下九年」。我們需要提前做好準備，設計一個能夠讓18歲到21歲的孩子無縫接軌的計畫，包括找工作、住的地方，更重要的是要學會生存法則。我們將這個計畫稱為「造橋」（The Bridge），目前正在尋找可以和我們一起規劃討論的夥伴。

「基督教孤兒聯盟」（Christian Alliance for

Orphans）專注於長大後離開組織系統的孩子的五大發展
面向，分別是：

一、生活技能訓練

二、心靈關護和指導

三、過渡性住所

四、職涯發展

五、教堂和社區支持網絡

這也是我們造橋計畫注重的五個面向。

在薩爾瓦多，有一個組織設有「過渡性關護之家」，
專門提供住所給22歲以下的小孩居住，他們會在這段時間
完成高中課業、進入職場等。我們也要考慮過渡期的計
畫。

有一天，當我為這個計畫的順利發展禱告時，我冒
出一個有趣的想法。有一個現象稱為「第三文化小孩」
（Third Culture Kids），我們是從馬禮遜學校了解這個現
象。就以克洛伊為例，她在加拿大成長，雙親都是加拿大
人，並接受加拿大教育（除了她在美國的時候）。之後搬
到史瓦帝尼，最後到臺灣的馬禮遜學校讀書。馬禮遜學校
的孩子有的是臺灣人，有的則來自美國家庭，大部分美國
學生的父母在亞洲傳教，因此他們在美國生活的時間可能
不長，但會被當作是美國人，有美國護照。這群學生、老
師和家庭在馬禮遜學校融合彼此的文化，創造出屬於自己
的特殊文化，這就是「第三文化」。我從維基百科上整理
了第三文化小孩在成長經驗中遭遇的優點和挑戰。

優點：

一、第三文化小孩會從不同角度理解他們正在經歷的
事情，這個特質也可能成爲挑戰，當他們回到均
質性高的生活圈，多元視角的觀點會被視爲冒犯
或無用。

二、對人際關係較敏銳：因爲第三文化小孩大量接觸
不同的觀點和生活方式，他們較擅長處理自己的
情緒、察覺社會規範和線索，也對其他文化和生
活方式具備較高的敏銳度。

三、跨文化能力和文化智商：在不同國家、民族和組
織文化中，有效運作能力較強。

四、第三文化小孩普遍適應力比在單一文化下成長的
小孩強，適應力強是他們的優點，但也會因爲缺
少文化平衡而遭到一些挑戰。

挑戰：

一、困惑的忠誠度：第三文化小孩在政治理念和價值
觀上，可能會產生許多困惑。特別是從集體主義
轉變到個人主義文化的環境中，因爲不同文化有
不一樣的價值觀。在文化層面上，則會產生認同
危機，因爲他們無法在任何國家或文化中找到認
同，第三文化小孩常常無法回答「哪裡是家？」
這個問題。

二、適應成年生活時會遇到的困難：個體生活經歷的

多元文化會對他們產生不同的影響，持續存在漂泊無根的感覺，會在個體發展自我認同和歸屬感時出現挑戰。會使第三文化小孩在轉變成成年人時，遇到挑戰。

第三文化小孩的認同問題很特殊，我們想要準備好權衡第三文化小孩擁有的優點，也能處理他們會遇到的挑戰。馬禮遜學校有很好的規劃，他們協助學生處理高中畢業後可能會面臨的挑戰，校方用真實的案例解釋，說明身為第三文化小孩不同於他人的特殊性，教導他們擁有實際工具和生存技能，鼓勵他們擁抱獨一無二的自己。

我們年紀最大的孩子現在才小學三年級，我們開始培養孩子的自我認同，有些孩子數學很好，有些喜歡彈吉他，有些喜歡到廚房幫忙。他們七年級時，我們想要評估孩子的天賦和能力；高中時，我們預計開啓導師制度，讓當地或外國的志工陪伴和引導學生思考未來，幫助他們創造夢想、計畫和準備畢業後的人生，有些學生會想繼續讀大學，有些會到迦南計畫或其他地方學習貿易，有些只想找份工作。我們盡可能幫助這些在特別經驗中成長的孩子，成為他們最想成為的樣子。

我們需要仔細規劃「造橋」計畫，建立資源提供給我們的孩子，並協助他們順利銜接。如果我們能夠想出解決方式，或許可以成為世界上其他替代性照護機構的訓練中心。我們的孩子或許可以成為這個領域的專家。

第十二章　我的典範轉移思維

2020年8月初，我接到電話，得知有人在森林發現一個新生兒，她身上還有血，臍帶還沒剪掉，毫無準備和保護的離開母親的子宮。

當我到醫院時，社工告訴我她已經為小孩取好名字，（通常他們會將取名的工作留給我們），叫烏西琵莉（Usiphile Favor）。史瓦帝尼語中Usiphile是「送給我們的」，烏西琵莉是「上天送給我們的恩惠」。

我正在寫一篇給每個月支持我們孩童贊助者的更新報告，決定寫下烏西琵莉的故事，並加入一段鼓舞人心的聖經經文。我進入網站BibleGateway.com，輸入favor，立刻跳出以賽亞書61章。真巧，我當天早上剛好讀過以賽亞書61章，標題是「耶和華的恩典年」（The Year of the Lord's Favor）。

「主耶和華的靈在我身上；因為耶和華用膏膏我，叫我傳福音給貧窮的人，差遣我醫好傷心的人，報告被擄的得釋放，被囚的出監牢。報告耶和華的恩年，和我們神報仇的日子；安慰一切悲哀的人。賜華冠與錫安悲哀的人，代替灰塵；喜樂油代替悲哀；讚美衣代替憂傷之靈；使他

們稱為『公義樹』，是耶和華所栽的，叫他得榮耀。」

那一刻，我的想法徹底改變。新冠肺炎疫情影響我們已經五個月了，全世界一片混亂，史瓦帝尼王國也陷入混亂。因全國封鎖政策，要將大部分的員工送回家時，我在家哭泣，我認為以後可能無法再看到他們。他們垂頭喪氣、懷著對死亡的恐懼，焦慮的離開農場，孩童之家的資深員工因為家中媽媽或祖母感染了新冠肺炎，所以必須回家照顧小孩，我需要有對策。

我們要雇用誰照顧我們的小孩？美國和我們鄰國南非的確診人數和死亡案例都在飆升，我非常害怕。邊境已經關閉數個月，我們如同囚犯，無處可去，也無法逃離這裡。第一次封鎖政策稍微解除時，有些重要的員工回來工作，讓我稍微鬆了一口氣，但情況仍沒有好轉。

那幾個月我非常難過，因為我們一家人無法在開普敦團聚，慶祝克洛伊大學畢業，也無法在史瓦帝尼慶祝她的24歲生日。我很難過，當史賓賽向他交往多年的女友珍求婚時，我們無法陪在他身邊。我很難過，因為我們無法到加拿大參加克洛伊的畢業典禮，無法拜訪伊恩的父母，也無法到芝加哥慶祝史賓賽26歲生日。我深陷在難過、絕望和沉重的情緒中，全世界都在討論新冠肺炎、確診數、死亡人數、經濟影響、不穩定性和無望感。我偶爾會深陷自憐的情緒，但隔天就會振作，我頗能克制負面情緒。

八月的那天，徹底改變了我。因為上帝那天送給我們一個寶寶，名為「上天送給我們的恩惠」。我當天讀了兩

次以賽亞書61章，發現今年是耶和華的恩典年。當我讀以賽亞書61章時，經文所描述的內容第一次活生生的在我眼前跳躍：叫我傳福音給貧窮的人（而非一直受到壞消息的影響），報告被擄的得釋放（我也需要將自己從牢籠中釋放出來），安慰一切悲哀的人，但對尚在世的人保持樂觀正向的態度。「賜華冠與錫安悲哀的人，代替灰塵；喜樂油代替悲哀；讚美衣代替憂傷之靈。」

那天我生命中巨大的窗簾彷彿被拉開，我看待世界的方式變得不同。這是耶和華給予非洲之心和迦南計畫的恩典年，我們募得資金，可以開始建造給我們年紀較大男孩住的依梅瑟尼六號園區，以及一間兩層樓高的大型娛樂中心和餐廳，我們也募得資金蓋兩層樓的教室，提供給我們三和四年級的學生使用。我們雇用全職的農場經理，將灌溉農地的使用最佳化，並增加我們內需和銷售的產量；這也增加工作機會，即便大部分的公司都在資遣員工或關門大吉。我們溫室作物豐收，餐桌上都是從農場新鮮直送的食物，孩子們可以吃到健康蔬食，只要從鎮上採購的一半價錢。一位素未謀面的加拿大男子，在他的遺囑裡交代捐贈大筆錢給我們，這筆錢讓我們購入更多乳牛，產出更多牛奶，收入也增加。水源從山上源源不絕流入水庫，水庫的水量已滿。由於水源穩定，我們增加17畝的灌溉農地，可以種植餵養牛隻的苜蓿。這些都是在新冠肺炎疫情期間，在我眼前發生的事情。

上帝給予恩惠的一年，我們得到資金，從以色列購入

新型的濾水系統，每小時可以替園區產出1,100加侖的乾淨飲用水，確保水媒傳染的疾病不會發生。我們也得到資金建構集中的羊隻繁殖計畫，包括10畝的圍籬地，並完成繁殖、生產和訓練的架構。我們甚至得到資金，蓋一個非洲式消防站，有兩個20呎高的貨櫃，可以存放攜帶式的水箱，需要時能降至卡車上，協助我們滅火。

和我們合作的30個教堂供餐計畫，大部分只在週六和週日提供孩童食物，因為大部分孩子週一到週四會在學校吃飯。但由於新冠肺炎，學校關閉，這些學生無法上學，在家挨餓。我們的合作夥伴「供餐飢餓孩童」組織，依靠志工包裝嗎哪包，並將食物寄到史瓦帝尼。但因為疫情，美國的包裝站關閉。在孩子最需要食物的時候，我們要去哪裡找食物？

然而在艱難的時刻，上帝給我們更多食物，我們的志工護理師蕾貝卡‧路特蕊琪（Rebekah Rutledge）告訴我們一個在加州「為飢餓籌募」（Gleanings for the Hungry）的組織，她聯絡上他們，並詢問他們是否可以幫忙。幾週後，他們將一只40呎的貨櫃運到史瓦帝尼，裝滿乾燥豆和湯包，裡面有麵食、米和各種乾燥蔬菜，另外一只貨櫃也在三個月後送達。第二只貨櫃裝滿44,000磅的乾燥食物，能夠將食物分裝送給住在史瓦帝尼長期合作的志工，他們無法離開這裡。之後，我們也認識一個在加拿大英屬哥倫比亞的「募集者」（The Gleaners）組織，和「為飢餓籌募」性質相似，他們答應和我們合作，並寄給

我們一只裝滿乾燥蔬菜和蘋果乾的40呎貨櫃。而「供餐飢餓孩童」組織也開始使用機器包裝嗎哪包，上帝協助我們的食物供給不中斷。我們開始接洽教堂夥伴，討論一週供餐七天給孩子的計畫。雖然美國和加拿大的教會和組織的募資，因為他們關閉教堂在三月時停止，有獨立贊助者提供資金讓我們在2020年8月時，和教堂夥伴建立第一個永久的煮飯和儲存設施，就是在那個月，我的想法徹底改變。

上帝在過去幾個月展示恩惠，幫助我們完成計畫。可能因為我們更常洗手、消毒，我不得不說，園區的孩子從未如此健康。因為封城，我們不讓任何人進出園區，員工、維修工人、食物運送員等必須戴著口罩。我們的小孩不用戴口罩，他們不會離開園區，也不會有和其他人接觸的風險。

我們的員工和小孩沒有得到季節性流感，以前我們無論多麼努力嚴防，還是會有人得到流感。庫特沙拉手藝坊有許多人出現生病的症狀，愛羅飛伊診所對有新冠肺炎症狀的患者應接不暇，但這裡檢測的資源有限，安東尼護理師讓這些人回家，自主隔離十四天。

上述的事情都是發生在我意志消沉的時候，我也已經深深懺悔，現在每天起床，都會告訴自己今年是耶和華的恩典年。這本書裡面許多展現上帝恩賜的故事，能不同意上帝的恩惠始終都與我們同在嗎？

以賽亞書61章後面的部分講到：「他們必修造已久的

荒場，建立先前淒涼之處，重修歷代荒涼之城。那時，外人必起來牧放你們的羊群；外邦人必作你們耕種田地的，修理葡萄園的。你們倒要稱為耶和華的祭司；人必稱你們為我們神的僕役。你們必吃用列國的財物，因得他們的榮耀自誇。你們必得加倍的好處，代替所受的羞辱；分中所得的喜樂，必代替所受的凌辱。在境內必得加倍的產業；永遠之樂必歸與他們。因為我——耶和華喜愛公平，厭惡搶奪和罪孽；我要憑誠實施行報應，並要與我的百姓立永約。他們的後裔必在列國中被人認識；他們的子孫在眾民中也是如此。凡看見他們的必認他們是耶和華賜福的後裔。我因耶和華大大歡喜；我的心靠神快樂。因他以拯救為衣給我穿上，以公義為袍給我披上，好像新郎戴上華冠，又像新婦佩戴妝飾。田地怎樣使百穀發芽，園子怎樣使所種的發生，主耶和華必照樣使公義和讚美在萬民中發出。」

在上帝祝福的恩典年，儘管並非事事都能如願。但我們選擇對所有事物懷著感恩的心，有時這比其他事情還要困難。

七月時，我們發現我們的杜賓狗麥可斯，胸前有一個巨大的腫瘤，前腳也長出另一個檸檬大小的腫瘤，另一個像葡萄柚般大。我們開了一小時的車帶牠去看獸醫，獸醫告訴我們可能是癌症，但由於邊境關閉，我們沒辦法到南非做檢查，史瓦帝尼的醫生也沒辦法做。我們心情沉重又哀痛，2012年搬到史瓦濟蘭，不到數週，當時還是小狗的

麥可斯就住進我們家，牠不僅是最棒的狗，也是伊恩的夥伴，和我們經歷大小事，也是我們的守護者。史瓦人很怕這隻大狗，杜賓狗在夜晚是園區最佳的守衛。麥可斯和其他狗白天時會被綁起來，我們在夜晚時會放牠們出來，在電子圍籬的範圍內，保護我們免於入侵者的威脅。

　　發現腫瘤後，經過幾週的平安無事，麥可斯的健康開始亮紅燈，牠的行動變得遲緩、停止進食，甚至疏遠其他狗。不久，我們做了沉痛的決定，帶牠回到獸醫那邊進行安樂死。獸醫會在伊恩卡車的後座幫麥可斯注射，接著我們會帶麥可斯回到農場，安葬牠。我們試著做好心理準備，面對這個難過的時刻。

　　我們在預約時間前幾分鐘到達獸醫診所，我們坐在路邊，用伊恩的手機播些基督教歌曲，〈祝福〉（The Blessing），是凱瑞・裘（Kari Jobe）、科迪・卡內斯（Cody Carnes）和Elevation Worship團隊現場演奏的版本，是很經典的福音編曲，由約翰・盧特（John Rutter）寫詞。一開始的歌詞很甜美，「上帝祝福你，願上帝使他的臉光照你，賜恩給你，願上帝向你仰臉，賜你平安。」歌詞不斷重複，當我淚流滿面時，我感受到上帝的恩惠洗滌了我的心靈。接著歌詞蘊含的情感越來越濃烈，「願上帝的恩惠與你同在，以及後代世人，你的家人和你的孩子，還有他們的孩子。願上帝的恩惠與你同在，以及後代世人，你的家人和你的孩子，還有他們的孩子、他們的孩子、他們的孩子……」我不斷哭泣，多麼希望那天可以看

到上帝的恩惠，史賓賽、克洛伊和在迦南計畫中成長的小孩都是我們的孩子，上帝的恩惠與他們同在，以及他們的小孩。

隨著新冠肺炎的疫情肆虐全球，不知道這個小王國未來的命運會變得如何，雖然史瓦帝尼的死亡率沒有其他國家高，但貧窮導致的飢餓、疾病，比病毒殺死的人更多。最近報紙有篇文章標題是「青少女懷孕成為『國家災難』」，文章討論當學校停課，成年人失業返家，強暴的文化在國內十分盛行，有許多青少女因而懷孕。女性教師通常會注意到年輕的女學生翹課、舉止開始改變或是小腹微微凸起，她們較常成為通報強暴案的人。

另一篇報紙的文章提及，地區行政長官（同時也是有名的酋長）要求改變法律，讓懷孕的女孩也能上學，並在學校重啟後參加考試。現行的法律迫使懷孕的女孩離開學校，學校由於新冠肺炎疫情三月就停課，許多家庭這時就沒有食物可以吃，飢餓和封城讓人們更難逃離暴力和人類欲望，許多女孩因而懷孕。預計2021年學校才會重啟。有牧師打電話告訴我們，社區中有許多女孩被侵害，大部分是被同住的親戚傷害，家裡不安全，但她們無處可去。

我們很擔心在2021年初會有大量的嬰兒潮，我們祈禱這些年輕女孩的自殺率、以及在家墮胎所致的死亡率不會激增。我曾看過一個數據，在主要公立醫院死亡的女性中，有90%都是因為在家自己墮胎。由於新冠肺炎疫情，人們對醫院避之唯恐不及。我的心為非洲的女孩隱隱作

痛，特別是史瓦帝尼的女孩，但我知道上帝在這裡，我祈禱祂能夠聽見她們的哭喊。

　　幸好，史瓦帝尼在2019年8月通過《性侵和家暴法》，明訂對妻子施暴或強暴的行爲違法，也讓強暴未成年人的行爲更容易被起訴，比2012年的《孩童保護法》還有效。自從去年八月，數千名女孩和女人挺身而出，大部分是未成年人，她們指控男人對她們性侵和不斷性虐待。每天報紙上都刊載犯下這些罪刑的男人名字。較年長的世代和「想法根深蒂固」的史瓦帝尼人認爲女人是財產，女兒、姪女、孫女歸他們所有，要改變這個觀念，可能需要一點時間。

　　我和孩童園區的管理員在一趟又一趟的長途車程，我了解到許多我不曾想像過的史瓦帝尼文化。她問我知不知道聖經中記載獻給上帝的第一份水果，我當然聽過，我記得我們要將收穫的第一份水果獻給上帝。我和伊恩都想要把我們玉蜀黍作物的收成分送給需要的家庭，所以我對這個概念並不陌生。那位管理員解釋，在史瓦帝尼，有些家庭相信當玉蜀黍準備收成時，父親是第一位去試吃作物甜不甜的人。她說相同的道理也用在女兒身上，在其他男孩或男人與女孩有親密接觸之前，父親會是第一位試吃女兒「水果」的人，品嘗果實甜不甜美。

　　在不同文化的國家服務挑戰很高，我們不但不能批評接受到的資訊，還要以開放的心態面對。有時候，我眞的很想踩刹車，將車子停在路邊，轉頭大聲說：「你在跟我

開玩笑嗎？」但為了理解有些孩子經歷過的事情，特別是理解我們員工遇過或承受的生命經驗和觀點，我需要營造一個安靜的空間聆聽他們的聲音，一個開放的空間理解他們的遭遇，以及一個充滿愛的空間讓療癒慢慢發酵。

　　史瓦帝尼由單一部落和語言組成，但不同的家族，有各自的傳統習俗，有些外人沒有聽過，有些則遠近馳名。例如黑暗的祖靈祭祀，在祭典時獻祭人類；飲食限制像德拉米尼（Dlamini）家族的人不能吃羊肉，否則他們會發瘋，德拉米尼是史瓦帝尼很常見的名字，也是國王的姓氏。馬桑吉哇（Matsenjwa）家族的人也因為相同的原因不吃羊肉，這些傳統可能都和某人的飲食偏好有關，德拉米尼祖母不喜歡吃羊肉，所以她也禁止其他人吃，否則會發瘋；馬桑吉哇祖母曾經在吃完羊肉後的晚上精神失常，所以家族的人決定之後不再吃羊肉。

　　我們的家族也都有一些傳統，我們可能不知道傳統的起源，但這些傳統並不會傷害其他人，也對自然無害。錫安會的耶利哥教派不吃豬肉，因為聖經記載，惡魔附身在豬身上，使得牠們跑到懸崖、跳入下方的水中溺死，所以耶利哥教派認為豬是邪惡的。我們努力根除有害和邪惡的習俗，不讓它們進入我們的生活，並接納史瓦帝尼文化與歷史中良善和健康的部分。性侵害和「強暴文化」在當地所有的家族和教派中很常見，但迦南計畫不歡迎這種文化。

　　如要將這一年視為祝福和恩惠之年，我認為自己的方

式最好，甚至才是正確的想法需要徹底改變。幾年前，我聽了一個非洲牧師對文化和信仰的衝突這個主題講道：身為基督徒，我們要心懷感恩和寬容面對我們服務的文化，但當那個文化和我們的信仰產生衝突時，我們的信仰要能站得住腳。生長環境、接受的教育和人生經驗會影響我們的做事方式，但這並不代表我們就是對的，別人是錯的。但對於強暴孩童和家暴，經文明確記載那是錯誤的行為。

史瓦帝尼人會做「emasi」，他們很愛吃。「emasi」是什麼呢？西方人將牛奶放在冰箱，幾天後牛奶發出酸味，你就會把牛奶倒掉，那就是「emasi」。「emasi」是將沒有經過滅菌處理的牛奶，蓋住並靜置在溫暖的地方三到四天，直到它變得濃稠、呈現塊狀，就可食用，每家人都會吃得很開心。當我開始規劃小孩和員工的菜單時，我問資深員工，史瓦帝尼經典的菜色是什麼，那份菜單很短，包括玉蜀黍、菠菜、甜菜根和油桃果南瓜。若是有多餘的錢，還可以種或是買萵苣和番茄，以及不可或缺的「emasi」。我贊同前六項食物，但是我絕對不會讓我的小孩和員工吃從鮮奶製成的「emasi」。現在我不會急著否定，「emasi」在史瓦帝尼文化中很重要而且無害，能夠帶給人們開心和慰藉，廣受喜愛。不能因為我不喜歡，就把它從菜單上剔除。

從20年前開始在非洲服務後，我們一直在學習。早期，我們曾說學習曲線是垂直的，我不確定這幾年是否有改變，但若用比較當代的方式表達，我們沒有看到「曲線

平緩下來」的跡象，每天仍舊像是展開一場新奇的冒險，學習新事物。經過這些學習，我們也累積了一些東西可以教導別人。最重要的一個教訓就是，我們學習到多一點傾聽、少講一些話，並且在對話時，為我們非洲的兄弟姊妹留點發言的空間。我們講話常常很快，迅速做出決定，就往下一個階段前進，但這裡的人不是這樣處理事情。我們需要在我們匆忙的步調和史瓦帝尼人想要保持事物原有模樣的想法之間取得平衡，才能雙贏。我們還有許多不知道的事情，我們甚至不曉得我們不知道什麼（聽起來很像繞口令吧），因此我們需要格外留意、尋找處理事情的新方法，從舊方法中學習經驗，並且向上帝禱告，這是思維上的徹底改變。你現在的生活有需要改變想法的地方嗎？

當我俯視農場，看著食品加工公司帕瑪拉（Parmalat）的卡車從牧場載走牛奶，看著羊群吃草，看著男男女女在農場採收蔬菜，聽著孩子從山丘上傳來的歡笑聲，我感到無比平靜。

近年來，許多人留言說如果我和伊恩沒有接受這項召喚，搬到迦南計畫，這些小孩都無法逃離死亡的命運。我們一點也不同意這種說法，如果我和伊恩沒有答應這項召喚前來非洲，我相信這些小孩仍會活著，因為這是上帝的旨意。他們的家或許會和現在長得不一樣，會上不同的學校、接受不同的制度和照顧方式，但他們會活下來，他們是上帝對未來的計畫之一。

若我們沒有接受這項召喚，實際上，我們會錯過這些

救援行動、康復和懺悔過程所感受的祝福，伊恩也不會有機會學習如何飼養乳牛、水耕種植，不會知道如何蓋水庫儲水，也不會知道乾旱眞正的影響和水源安全的重要性。史賓賽和克洛伊可能會一輩子住在安大略，偶爾去渡假村玩，但不會了解與他們截然不同的文化和習俗，以及全球貧窮這個議題所影響的層面。他們也不會有機會參與供餐給飢餓孩童的計畫、拯救棄嬰、創造就業機會和幫助教育這個世代的非洲孩童。我也無法體會13歲女孩生下嬰兒，那種百感交集的心情，以及替一位老奶奶擦乾得知孫子免於飢餓後喜極而泣的眼淚。

我們會因此無法看到上帝每天在這邊展現的奇蹟，會錯過不可思議的事情、從痛苦中展現的懺悔和飢餓中產生的希望，想到我們可能會錯過許多事情就不住發抖，你曾想過自己是否錯過機會去幫助人嗎？你是否記得有其他人請你幫忙，但你太忙或害怕而無法伸出援手的時刻呢？我記得電視節目主持人歐普拉（Oprah Winfrey）曾和一位來賓的對話，那位來賓問歐普拉愛的相反是什麼，她回答：「是恨。」那位來賓卻說：「不，愛的相反是冷漠。」

這個回答如箭刺進我的心，我對周遭世界冷漠嗎？我應該不對誰冷漠？是家人？還是鄰居？或是在非洲挨餓的孩童？我從來不覺得自己恨過誰，但我是否對其他人漠不關心？在我個人改變初期，我花許多心思去思考「愛與恨」的問題，經過一段時間，不斷禱告、閱讀、教育和想要愛別人的渴望。首先，我改變想法，接著我創辦「非洲

之心」。我不再讓冷漠遮住雙眼，並讓自己正視全球發生不正義的事情。當我目擊壓迫發生時，我的心彷彿被撕裂，而這些痛苦也正撕裂這個世代非洲人的心靈。

絕望的感覺徹底擊潰我，到非洲之前，我從不知道世界上會發生這種事。怎麼會有人將新生兒丟入糞坑？絕望感。為什麼女孩要不斷和一個老男人發生她不想要的性行為？絕望感。為什麼當一位母親將她手中的新生兒交給陌生人時，反而鬆了一口氣？絕望感。

於是，那天我做出決定，我不再對這些絕望麻木不仁，而這個決定改變了我的一生。你願意加入我們替史瓦帝尼未來世代的領導者帶來希望嗎？扶養許多小孩需要一個大型的聚落，你願意加入幫助我們的孩子嗎？我想借用甘地(Mahatma Gandhi)的話，將那句話變成：「讓自己成為我們想在世界上看到的那個改變好嗎？」

該是時候，停止漠不關心。我們擁有希望，希望就在迦南計畫。

「耶和華說，我知道我向你們所懷的意念，是賜平安的意念，是降災禍的意念，要叫你們末來有指望。你們要呼求我、禱告我，我就應允你們。你們尋求我，若專心尋求我，就必尋見。」

給迦南計畫308個孩子的一封信

當你看到這封信時，你極有可能在上帝為你計畫好的領域中表現傑出。我們永遠不會忘記你來到我們身邊的那一天，因為那天改變了你和我們的人生，我們或許不曉得為什麼上帝要把你帶來迦南計畫這個大家庭，但我們知道上帝的計畫完美，你對我們的家庭而言也很完美。

我們相信上帝召喚我們成為來到迦南計畫的史瓦帝尼小孩的父母，史賓賽和克洛伊則是他們的大哥哥和大姊姊。我們希望你們知道你是獨一無二的，被天父眷顧著，也被我們深愛著。父親努力成為照顧孩子的好爸爸，並教導他們認真工作、誠實和正直。母親展現對孩子的愛、教導他們原則和永遠講實話，希望自己能成為好媽媽。

沒有人知道我們在人世間還有多少日子，但知道我們有天都會老去死亡。誠如一句話所說：「生命中只有兩件事情是確定的，死亡和繳稅。」我爸爸很喜歡這句話。我寫完這封信之前可能就會死，但我還是希望自己可以多活很多年，傳承人生智慧，我也會很遺憾沒有替300多個孩子留下一些想法或文章。以下排列沒有特別的順序，但伊恩和我都認為很重要。

- 你是上帝選中的孩子，來到這個家庭是有獨一無二的原因和目標。全心全意尋找那個目標，不管生命中遭遇到什麼，都要心懷感恩，就像聖經中的約書亞，你永遠無法預期未來會發生什麼事情，你可能拯救了一個國家。

- 無論選擇好壞，都要爲自己負責，不要把自己應該負責的事情怪罪到別人頭上。

- 明智選擇朋友，因爲他們會影響你的選擇。如果你想要知道別人如何看待你，主要看你身邊圍繞的朋友，因爲他們能夠反映你的爲人處世。我爸爸曾說：「魚兒總會朝有水的地方游去。」這句話的意思是，人們總是傾向和與自己相似的人在一起。

- 耶穌會看顧和引導你，也會指示你方向，祂不會讓你做出錯誤的選擇，祂會希望你做出最好的選擇，若是你與祂同行，祂能夠讓你傾聽內心眞正的聲音。我保證，這樣做就對了。看看我們住在非洲的山頂，服務上帝，這是我最想要完成的事情。

- 做人要誠信，說出來的話就要實踐，讓別人知道你是一個值得信任的人非常重要。

- 記得照顧幼小的人。伊恩的第一份工作是在渥太華市民醫院的餐廳打雜，有個在餐廳工作的人，個性很單純，有天他走向伊恩，隨口對他說：「我們需要照顧幼小的人。」接著他就走掉了。這句話影響伊恩一輩子，這是普世眞理，幼小的人是無辜純眞的，需要被守護。

- 我和伊恩從小就被教導每週都要休息一天，我們的父母

也總在週日上教堂後休息，小孩會覺得這樣很無聊，因為大家都會睡個午覺，但成為大人後，你會開心享受週日午後的小盹。如果你週日還要工作，就選擇另外一天當作你的安息日，徹底執行，這是十誡之一，和出埃及記20章8到11節一樣重要。

- 無論你的薪資多寡，記得十一奉獻，接著儲蓄，最後才是消費。我們相信我們擁有的東西來自上帝，所有事物都歸上帝所有，我們只是負責管理這些東西。因此，十分之一是我們至少奉獻的金額。

- 自己做決定，不要讓他人為你做決定。我媽媽曾說：「不要和一個男孩一起到後座，然後才試著拒絕；一開始就要做出別到後座的決定，事情會更簡單。」

- 我以前會向我媽哭訴，抱怨著：「不公平。」而她總會回答我：「珍妮，人生本來就不公平。」雖然我很不喜歡這個回答，但這是事實。以賽亞書30章18節：「正義或許會不公平，但耶和華是公平的神。」

- 無論你是怎麼發現的，真相就是真相。如果路旁無家可歸的人告訴你一個真相，和你從聖經經文中發現的一樣正確。相信真相，並追求絕對的事實。

- 如果你想要輕鬆過日子，絕對要先嘗點苦頭。為任何事情打下基礎非常耗時、也需要耐心，你遇到就會知道我們在講什麼了。

- 試著從嚴厲的教訓中學習經驗，如果可以，也能從朋友犯的錯誤經驗中學習，這樣你就可以劃掉清單上一項待

學習的事情。

- 要教導你的孩子感恩所有事物，無論好壞。感激的心可以療癒傷痛，修補關係，保持你身心健全。

- 當你想要某件事物時，無論是尋求協助、找工作或向父母要東西，請先做足功課和調查。先想過對方會如何回應，包括各種疑問和保留的態度。麥斯威爾家族的座右銘是「答應很簡單，但不要害怕詢問你想要的事物，並且做好被拒絕的心理準備」。

- 我和伊恩將在2021年10月5日慶祝結婚三十週年，我們想分享婚姻的心得，我們自己在結婚初期受用良多。譬如，你們正在決定晚餐要吃什麼、要看哪部電影、週末的計畫，而你們的想法不同，有一個方法對彼此都很公平。最簡單的方式是屈就於另一個人的想法，因為你會希望伴侶開心，但如果你認為這樣無法解決心中的不平衡，試試看這個方法：1到10的指標（1是最低，10是最高），用這個指標表達吃那個食物和看那部電影對自己的重要性，要誠實回答。若我晚餐真的很想吃披薩，我會說9或10，若伊恩想吃炸雞，他會說8，但我的分數比他高，所以我們就會吃披薩。經過幾年的相處，你們就不再需要依靠指標系統，而能建立默契知道對方當下真的想看動作片，而非愛情片。切記，要誠實。

- 當媽媽開心，大家都會開心。這點需要牢記在心。

- 將每件事情做到最好。

- 聖經告訴我們要友愛他人，我們每天都需要積極實踐。

但對男女朋友使用「愛」這個字時要非常謹慎，對親密關係的人說「我愛你」，應該是在你準備好要和那個人建立長期承諾的婚姻關係時。

- 比你有錢的人到處都是。
- 不管你做什麼，都可能惹怒他人，所以你至少去做重要的事情。
- 不要寫下任何可能會使你上法院的文字，包括傳訊息、社群網站、手寫筆記等。
- 記得你是被愛的。

　　我想這封信會永遠流傳下去，但如果你讀過聖經中的箴言，你會了解上述提到的內容和更多東西。請記得我們以你為傲，我們愛你，我們會祈禱上帝在你們生命中賜予最豐盛的祝福。

愛你的

媽媽和爸爸

國家圖書館出版品預行編目資料

希望的所在：非洲迦南計畫的故事/珍妮.麥斯威爾著；劉
　千綾譯. -- 初版. -- 臺北市：前衛出版社, 2022.06
　　面；15×21公分
　　譯自：Hope lives here
　　ISBN 978-626-7076-20-0(平裝)

　1. 孤兒　2. 愛滋病　3. 公益團體　4. 非洲
548.13　　　　　　　　　　　　　　　　　111003793

希望的所在
非洲迦南計畫的故事

著　　者　珍妮·麥斯威爾
譯　　者　劉千綾
責任編輯　楊佩穎
美術設計　兒日工作室
內頁排版　宸遠彩藝

出 版 者　前衛出版社
　　　　　10468 臺北市中山區農安街153號4樓之3
　　　　　電話：02-25865708 | 傳眞：02-25863758
　　　　　郵撥帳號：05625551
　　　　　購書・業務信箱：a4791@ms15.hinet.net
　　　　　投稿・編輯信箱：avanguardbook@gmail.com
　　　　　官方網站：http://www.avanguard.com.tw

出版總監　林文欽
法律顧問　陽光百合律師事務所
總 經 銷　紅螞蟻圖書有限公司
　　　　　11494 臺北市內湖區舊宗路二段121巷19號
　　　　　電話：02-27953656 | 傳眞：02-27954100

出版日期　2022年6月初版一刷
定　　價　新臺幣300元

* 請上『前衛出版社』臉書專頁按讚，獲得更多書籍、活動資訊
　https://www.facebook.com/AVANGUARDTaiwan